"El éxito no se produce porque sí. Michael Hyatt y Daniel Harkavy te muestran cómo desarrollar y utilizar un Plan de Vida claro y convincente para crear la vida que quieres y verdaderamente mereces".

TONY ROBBINS,
autor de éxitos de ventas del *New York Times*; CEO, Anthony Robbins Companies

"Un enfoque paso por paso de los mayores retos de la vida. Si te sientes atascado, probablemente lo estés, y *Tu mejor futuro* podría ser exactamente lo que necesitas".

SETH GODIN,
autor de *What to Do When It´s Your Turn*

"Un manual inteligente y articulado. Aplicar incluso una sola parte de sus recomendaciones sencillas y prácticas mejorará la condición de cualquiera en la vida".

DAVID ALLEN,
autor del éxito de ventas del *New York Times, Getting Things Done*

"Lo que hace que este libro sea especial es la pasión de los autores, no solo por compartir una fórmula, sino también por guiar realmente a los lectores por el proceso de priorizar el tiempo que toma crear y ejecutar su plan".

CHALENE JOHNSON,
autora de éxitos de ventas del *New York Times*; CEO, Team Johnson

I0807056

"He estudiado a personas exitosas por más de veinte años. Lo que he visto una y otra vez es que el éxito comienza con un plan. Michael Hyatt y Daniel Harkavy nos muestran cómo crear un plan para nuestras vidas y así poder experimentar el éxito que deseamos".

DARREN HARDY,
autor del éxito de ventas del *New York Times, The Compound Effect;*
Editor, *Success*

"Una guía muy práctica e innegablemente necesaria para cualquier adulto que se haya desviado de cómo pensó que debería vivirse la vida. Yo me he beneficiado de este enfoque en mi propia vida".

PATRICK LENCIONI,
Presidente, The Table Group; autor, *The Advantage*

"Este libro es lectura obligada, lleno de recordatorios y revelaciones que abrirán tu mente y organizarán tu tiempo".

DAVE RAMSEY,
autor del éxito de ventas del *New York Times,*
The Total Money Makeover

"Puedes perseguir intencionalmente lo esencial o puedes desviarte no intencionadamente hacia lo no esencial. Este libro enseña de modo brillante cómo hacer lo primero a la vez que evitamos lo segundo".

GREG MCKEOWN,
autor del éxito de ventas del *New York Times, Essentialism*

"Muchas personas hablan de la importancia de tener un plan para tu vida, pero nadie podía decirte realmente cómo crear uno. Hasta ahora".

JOHN C. MAXWELL,
autor de éxitos de ventas del *New York Times;* fundador,
The John Maxwell Company

"Es más que un libro, es un mapa de ruta para ayudarte a llegar desde donde estás hasta donde quieres ir".

JON GORDON,
autor del éxito de ventas del *New York Times, The Energy Bus*

"Michael Hyatt y Daniel Harkavy tienen mucho que enseñarnos. ¡Que podamos aprender de ellos el poder de vivir con propósito!".

MAX LUCADO,
autor de los éxitos de ventas del *New York Times,*
Fearless y *Outlive Your Life*

"Las personas exitosas no solo lanzan bien, viven bien. Y eso requiere algo más que suerte o incluso trabajo duro. Requiere intencionalidad y una visión cristalina de hacia dónde vas. *Tu mejor futuro* te muestra cómo diseñar una vida estupenda y después trazar un rumbo hacia esa vida".

JEFF WALKER,
autor del éxito de ventas del *New York Times, Launch*;
creador, Product Launch Formula

"Conozco a muy pocas personas que hayan logrado tanto como estas dos y hayan sobrevivido para disfrutar de sus logros. Este es un plan que puedo respaldar".

DONALD MILLER,
autor de éxitos de ventas del *New York Times,*
Fundador y CEO, StoryBrand

"¿Comenzarías un negocio, un edificio, o una batalla sin un plan? Entonces ¿por qué la mayoría de nosotros vivimos nuestra vida sin tener uno? *Tu mejor futuro* ofrece un modelo poderoso y eficaz para planificar la vida que te permitirá lograr el éxito en la vida que mereces".

BOB GOFF,
autor del éxito de ventas del *New York Times, Love Does*

"Si aplicas incluso el diez por ciento del consejo contenido en este libro, tu vida será cambiada para siempre".

CHRIS GUILLEBEAU,
autor del éxito de ventas del *New York Times, The $100 Startup*

"Planes y propósito son la mecánica de lo que aprenderás en *Tu mejor futuro*. Las ideas y perspectivas de Hyatt y Harkavy te impulsarán hacia la acción, y eso es lo que importa".

CHRIS BROGAN,
autor del éxito de ventas del *New York Times, Insider*

"Uno de los mayores aceleradores del cambio es la simplicidad. Me encanta cómo Michael y Daniel han hecho sencilla la Planificación de Vida. Esta guía te ayudará a mantenerte enfocado y avanzando".

DR. HENRY CLOUD,
autor de los éxitos de ventas del *New York Times,*
Boundaries y *Necessary Endings*

"Un recurso brillante y motivador que te equipará para dejar de caminar sonámbulo por la vida y perseguir intencionadamente el plan que Dios tiene para ti".

LYSA TERKEURST,
autora de éxitos de ventas del *New York Times*; Presidenta,
Proverbs 31 Ministries

"El éxito comienza con un plan. Y Michael Hyatt y Daniel Harkavy nos recuerdan que eso incluye planificación para una vida exitosa".

FAWN WEAVER,
autora del éxito de ventas del *New York Times, The Argument-Free Marriage*; Fundadora, The Happy Wives Club

"El verdadero Sueño Americano es vivir una vida de propósito y significado, evidenciada por abundancia física, emocional, espiritual y relacional. Este libro te moverá del 'Me gustaría' al 'Lo hice'."

DAN MILLER,
autor del éxito de ventas del *New York Times*,
48 Days to the Work You Love

"Si tuviera una máquina del tiempo, regresaría a mi persona con veintidós años y le entregaría este libro. Le rogaría que lo leyera y después le retaría a poner realmente en práctica los excelentes principios".

JON ACUFF,
autor de los éxitos de ventas del *New York Times*, *Do Over* y *Start*

"No tienes que seguir viviendo la vida esforzándote en exceso, agotándote, ¡y sin llegar a ninguna parte! Este libro proporciona las herramientas y la ayuda paso por paso para esclarecer adónde quieres ir en la vida".

CRYSTAL PAINE,
autora de éxitos de ventas del *New York Times*;
Fundadora, MoneySavingMom.com

"Con *Tu mejor futuro*, Michael Hyatt y Daniel Harkavy han lanzado un rayo láser de enfoque a un mundo de incertidumbre. Finalmente, ¡un camino bien iluminado y bien marcado para la persona que desea éxito verdadero y duradero!".

ANDY ANDREWS,
autor de los éxitos de ventas del *New York Times*,
The Traveler's Gift y *The Noticer*

"He planificado durante toda mi vida, pero este sistema enfoca mis prioridades y me mantiene en la realidad del día presente mientras mi vista está en el futuro. Gracias, Michael y Daniel, ¡por un libro divertido y creativo!".

STEVE ARTERBURN,
autor del éxito de ventas del *New York Times, Healing Is a Choice*

"Aquí está la prueba de cualquier mensaje: ¿practica el autor lo que predica? He visto a Michael y Daniel vivir este mensaje durante años con integridad. Ellos se han ganado el derecho a hablar, ¡y todos nos beneficiaremos de escuchar!".

JOHN ELDREDGE,
autor de los éxitos de ventas del *New York Times,*
Wild at Heart y *Beautiful Outlaw*

"Todo el mundo termina en algún lugar en la vida. ¡Bienaventurados los que terminan en algún lugar a propósito! Si te inclinas hacia el lado del propósito en la ecuación, entonces te recomiendo encarecidamente *Tu mejor futuro*."

ANDY STANLEY,
Pastor Principal, North Point Community Church;
autor, *The Next*

"La vida es demasiado corta para dejarla ir sin ser intencional. En *Tu mejor futuro*, Michael y Daniel nos ayudan a descubrir un plan con propósito para vivir la vida que sabemos que merecemos".

PAT FLYNN,
podcaster, *Smart Passive Income*

"Es difícil hacer cambios conscientes en tu vida, pero es mucho más fácil cuando tienes un plan. Y no se me ocurre nadie mejor para ayudarte a crear ese plan que Michael y Daniel".

ALLISON VESTERFELT,
autora, *Packing Light*

"Michael Hyatt y Daniel Harkavy son los porteros para abrir tu propósito, y este libro es la llave para tener una vida extraordinaria".

LEWIS HOWES,
empresario; autor, *The School of Greatness*

"Yo creía que era escéptico sobre la Planificación de Vida, hasta que leí este libro. Es sencillamente el mejor proceso que he leído para diseñar una vida bien vivida".

JEFF GOINS,
autor, *The Art of Work*

"Nueva perspectiva del poder del propósito, de descubrir tus sueños, y convertir tus deseos en realidad".

DR. JOSH AXE,
Fundador, DrAxe.com

"¿Estás viviendo con buenas intenciones en lugar de vivir intencionalmente? Si es así, detente ahora. Deja que *Tu mejor futuro* guíe dónde quieres estar. Entonces, respira con tranquilidad".

MICHAEL STELZNER,
Fundador, Social Media Examiner; autor, *Launch*

"Sin estructura en la vida, vamos a la deriva. Michael y Daniel reconocen esta realidad en el capítulo 1 y proceden a plantear una estructura que apoya el vivir una vida de intención, enfoque y disfrute".

JOHN LEE DUMAS,
presentador, podcast *EntrepreneurOnFire*; autor, *Podcast Launch*

"En las páginas de *Tu mejor futuro*, Michael Hyatt y Daniel Harkavy te llevan de la mano y te capacitan para que seas el piloto en tu vuelo de la vida. Agarra un ejemplar, emprende la acción, ¡y disfruta de tu vida como nunca antes!".

CHRIS DUCKER,
empresario y CEO virtual; autor de *Virtual Freedom*

"Michael y Daniel son guías sabios hacia un modo de vida con intención y propósito, sea cual sea tu etapa en la vida".

SHAUNA NIEQUIST,
autora, *Bread & Wine* y *Savor*

"Si ya estás contando cada día como una oportunidad de dar otro paso significativo hacia lograr tu propósito supremo, *Tu mejor futuro* te dará un poderoso mapa de ruta para crear un legado duradero".

ROBERT D. SMITH,
autor, *20,000 Days and Counting*

"Es fácil desviarte y encontrarte viviendo una vida que no te emociona. El libro de Michael y Daniel te ayuda a destapar el propósito de tu vida y crear un plan para vivirla".

ANDREW WARNER,
Fundador, Mixergy.com

"El poder de *Tu mejor futuro* radica en la elegante simplicidad del libro: es un libro corto con un impacto largo y duradero. Utilizando este libro puedes crear tu propio Plan de Vida en un solo día, y literalmente cambiar el rumbo de tu vida".

RAY EDWARDS,
presentador, *The Ray Edwards Show;*
Fundador, Ray Edwards International

"Como emprendedora ocupada, siempre estoy buscando un sistema sencillo y probado para lograr mis metas. Ojalá hubiera un sistema así para la vida diaria. Gracias a Michael Hyatt y Daniel Harkavy, ¡ahora sí hay uno!".

AMY PORTERFIELD,
creadora, The Profit Lab

"Michael Hyatt me fascina. Yo ni siquiera estoy en la misma industria, pero constantemente capto indicaciones y aprendo de todo lo que él hace. ¿Y ahora tiene un Plan de Vida completo con *Tu mejor futuro*? Estoy dentro. Obvio."

JEREMY COWART,
fotógrafo de celebridades; Fundador, SeeUniversity.com

"Debido al proceso de Planificación de Vida, soy una mejor esposa, madre, hija, amiga y colega. Estoy agradecida por haber tenido la oportunidad de beneficiarme de los conceptos de este libro al principio de mi carrera".

AMY HIETT,
Gerente General, The Table Group

"*Tu mejor futuro* es lectura obligada. Es un refinamiento de un proceso de Planificación de Vida concebido originalmente por Daniel Harkavy, quien ha ayudado a miles de hombres y mujeres profesionales a vivir la vida más intencionadamente".

JERRY BAKER,
exdirector general, First Tennessee Bank y
First Horizon Home Loans

"Qué trágico pasar una vida sin ningún propósito o fin en mente. *Tu mejor futuro* es una gran herramienta para situarte en el comienzo del camino correcto o para asegurarte de que sigues estando en ese camino".

RON BLUE,
Fundador, Ronald Blue & Company; autor, *Master Your Money*

"Muchos de nosotros pasamos por la vida sin estar enfocados e incapaces de establecer con confianza las metas 'grandes y audaces' que Dios quiere que persigamos. Afortunadamente, Hyatt y Harkavy han desarrollado este sistema de planificación único y poderoso para ayudar a llevarnos a vivir proactivamente una vida rica de significado e importancia".

DAN T. CATHY,
Presidente y COO, Chick-fil-A, Inc.

"En nuestro ajetreado mundo tendemos a planear todo excepto lo más importante: nuestra vida. Daniel Harkavy y Michael Hyatt nos dan una herramienta muy pragmática para definir lo que queremos que sea nuestra vida, para crear un plan y aferrarnos a él".

DOMINIQUE FOURNIER,
exdirector general, Infineum International Limited

"Un conjunto de herramientas de sabiduría para crear la vida profesional y personal que has imaginado para ti mismo."

TREVOR GRAVES,
Fundador, Nemo Design

"*Tu mejor futuro* es un regalo notable que me proporciona las herramientas y los procesos fáciles de seguir para definir mi propósito y construir un legado que añadirá valor a mi familia, compañeros de trabajo, y amigos".

MARC LAIRD,
presidente y CEO, Cornerstone Home Lending

"Antes de *Tu mejor futuro*, las personas interesadas en aprender este proceso tendrían que gastar miles de dólares con un coach ejecutivo. Daniel y Michael han codificado el proceso y convertido en un medio digerible individualmente para que todos se beneficien de él".

CORY MAHAFFEY,
socio administrador, Northwestern Mutual

"*Tu mejor futuro* puede utilizarlo cualquiera, desde el ejecutivo ocupado que necesita recuperar la perspectiva hasta el graduado universitario que comienza en un nuevo empleo. Cada página está llena de sabiduría y consejos nacidos de la experiencia".

DAVID "SKIP" PRICHARD,
Presidente y CEO, OCLC

"Hice del proceso de Harkavy y Hyatt una parte de mi vida hace varios años, como hicieron numerosos miembros de nuestro equipo de liderazgo, ¡y te prometo que es transformador!".

TODD SALMANS, CEO,
PrimeLending

"Solo tenemos una vida que vivir en esta tierra y, como resultado, esta vida debería estar llena de propósito e impacto positivo. El proceso de Planificación de Vida de Daniel y Michael es real. Te ayudará a ser lo mejor para tu mejor".

MARTIN WHALEN,
Vicepresidente, Essilor USA

"Me encantaron los varios niveles de *Tu mejor futuro*: el nivel filosófico (pensar sobre el propósito de mi vida), el nivel estratégico (cómo estructurar mi vida), el nivel táctico (cómo establecer un plan), y el nivel práctico (cómo avanzar paso por paso)".

MARTIN DAUM,
Presidente y CEO, Daimler Trucks North America

"Esto es coaching auténtico: una exploración facilitada para ayudar a discernir y responder al llamado de Dios en nuestras vidas. Será lectura requerida en el Instituto".

CHRISTOPHER MCCLUSKEY,
Presidente, Professional Christian Coaching Institute; Fundador, ChristianLifeCoaching.com

MICHAEL HYATT
DANIEL HARKAVY

TU MEJOR FUTURO

UN PLAN PROBADO PARA ACABAR DE UNA VEZ CON LA ANSIEDAD DEL MAÑANA

WHITAKER HOUSE Español

Los textos y versículos bíblicos en cursivas y negritas son énfasis de los autores.

Traducción al español por Belmonte Traductores
www.belmontetraductores.com

Editado por: Ofelia Pérez

TU MEJOR FUTURO

Un plan probado para acabar de una vez con la ansiedad del mañana

Publicado originalmente en inglés en el 2016 bajo el título *Living Forward, a Proven Plan to Stop Drifting and Get the Life You Want,* por Baker Books, una división de Baker Publishing Group, Grand Rapids, MI

ISBN: 979-8-88769-413-9

eBook ISBN: 979-8-88769-414-6

Impreso en los Estados Unidos de América

1 2 3 4 5 6 7 8 9 10 11 32 31 30 29 28 27 26 25

Para nuestras hermosas esposas, Gail y Sheri,
¡y para nuestros maravillosos hijos!

Ustedes llenan nuestras vidas de amor, aventura,
y verdadero compañerismo.

CONTENIDO

INTRODUCCIÓN

UNA APP PARA TU VIDA

El primer paso hacia conseguir algo es decidir
que no vas a quedarte donde estás.
—JOHN PIERPONT "J.P." MORGAN

Era una hermosa mañana de julio, y yo (Michael) estaba haciendo senderismo por las profundidades de las Rocosas en Colorado. El sendero discurría a lo largo de un burbujeante arroyo. Habían florecido flores silvestres y el aire era dulce con el aroma de los pinos, los álamos y la tierra. La temperatura era fresca, unos 18° C, perfecta para una larga caminata. Al llegar al primer hito, un familiar puente peatonal por encima del arroyo, hice una pausa para asimilarlo todo, completamente perdido en la experiencia.

Poco después tomé un segundo puente peatonal que cruzaba el arroyo y seguí el sendero que se alejaba de él. Otros diez minutos de caminata cuesta arriba, y llegué a un lecho seco de un riachuelo que iba casi directo hacia arriba. En ese punto soplaba un poco de viento, y decidí que había ido lo bastante lejos, tomé un trago de agua, y comencé a descender.

Tras atravesar el segundo puente peatonal que cruzaba el arroyo, seguí por el mismo sendero hacia abajo, o eso creía yo.

Extrañamente, ya no podía oír el arroyo, y el bosque era más oscuro y más denso de lo que recordaba. Me tomó un momento, pero me di cuenta de que estaba más que perdido en la experiencia. ¡Estaba perdido realmente! En algún lugar a lo largo del camino había tomado un giro equivocado y terminé en otro sendero.

Por fortuna, estaba usando una aplicación de ejercicio en el iPhone que trazaba mi camino. Saqué mi teléfono y oré para que hubiera señal. ¡Sí! Cinco barras. Mi camino estaba trazado en el mapa, de modo que pude ver dónde había comenzado y cada giro que había hecho en el camino, incluido el giro equivocado. En menos de diez minutos estaba de nuevo en el sendero correcto.

UNA APP PARA TU VIDA

Una caminata por la montaña es una cosa. La vida diaria es otra diferente. Si te encuentras desviado del rumbo, no puedes sencillamente abrir una aplicación GPS para tu vida. ¿O sí puedes?

Siempre que usamos el término *Planificación de Vida,* las personas lo entienden. Estemos hablando de ello en una conferencia, una sesión de *coaching,* un post del blog, o una conversación casual, casi todo el mundo reconoce el valor del concepto, incluso si nunca lo han considerado anteriormente.

- Quizá se debe a que cuando miran alrededor, ven a muchas personas infelices que no tienen ni idea de cómo terminaron donde están.
- Quizá se debe a que en lo profundo de su ser saben que van a la deriva en la vida sin tener una dirección clara.
- Quizá se debe a que la vida es más complicada de lo que habían creído inicialmente, y saben que necesitan un mapa.

- Quizá se debe a que la vida no está resultando ser como habían esperado, y están listos para hacer que las cosas vuelvan a su curso.
- Quizá se debe a que han cumplido los cuarenta, cincuenta o sesenta años y no pueden creer cuán rápidamente han pasado los años.
- Quizá se debe a que la historia de su vida es buena en este punto, pero son conscientes de su tiempo limitado y quieren asegurarse de vivir una historia aún mejor.

Si alguno de esos puntos te describe, has escogido el libro correcto. Un Plan de Vida es la aplicación que necesitas para mantenerte en el sendero hacia la vida que deseas. Sin un plan, es probable que termines en un destino no deseado: un matrimonio infeliz, una profesión insatisfactoria, mala salud, o todo lo anterior.

La mayoría de nosotros vemos la sabiduría inherente en la planificación. Puede que planeemos las vacaciones del año próximo, la educación universitaria de nuestros hijos, o nuestra propia jubilación. Pero por alguna extraña razón, nunca se nos ocurre planificar nuestras vidas. A nosotros dos tampoco se nos ocurrió al principio, pero entonces vimos lo que nos estábamos perdiendo.

LLAMADA DE ATENCIÓN

A los veintiún años, yo (Daniel) comencé mi carrera en la industria de las hipotecas. A los veintitrés fui ascendido a una posición de gerencia. A lo largo de los años siguientes, la empresa creció de ocho a diecisiete ramas. Con mucho trabajo duro pude atraer y desarrollar un equipo ganador que nos condujo a un rápido ascenso hasta la rama de mayor desempeño.

A los veintiocho me ascendieron a un puesto de vicepresidente de todas nuestras ramas. Supervisaba a doscientos originadores de préstamos y líderes de California, Oregón, Washington y Nevada. Y fue entonces cuando las cosas se complicaron.

El director general de la empresa era un mentor y amigo, y dijo que me estaba preparando para que ocupara su asiento. La empresa había pasado a ser pública el año anterior, y el futuro se veía increíblemente brillante. Yo estaba sobrepasando con mucho mis metas financieras, y no podía imaginar un plan mejor para mi carrera.

Pero en el fondo sentía que algo no estaba bien. Muchos de mis compañeros en la industria eran ricos según la mayoría de los estándares, pero muchos de ellos pagaron un precio alto por su éxito. Algunos estaban divorciados o se quejaban de tener un matrimonio que no les satisfacía. Otros tenían relaciones muy difíciles con sus hijos adolescentes que terminaron metiéndose en verdaderos problemas. Algunos otros no podían pasarse un día sin la ayuda de un cóctel o un medicamento. Pocos invertían en su bienestar físico y espiritual. Al mirar alrededor a muchas de las industrias que seguían un ritmo rápido, vi algunas de esas mismas tendencias.

En esa etapa de la vida, casado y con tres hijos pequeños, podía ver mi vida dirigiéndose hacia el camino equivocado. Esas personas eran muy exitosas en un área de sus vidas, el dinero, sin embargo estaban en bancarrota en otras áreas que importaban más. Yo no estaba juzgando, pero no me gustaba lo que veía, y sabía que era necesario un cambio importante para escribir una historia distinta para mí mismo. Pensé mucho sobre el camino en el que estaba.

Al reconsiderar las cosas, mi definición de éxito comenzó a cambiar. Lo que me motivaba antes perdió su atracción, y ya no perseguía salarios, posesiones o títulos. Quería más, pero no estaba seguro de qué quería más. Por lo tanto, me despedí. Para algunos no tenía ningún sentido, pero para mí tenía todo el sentido.

Decidí tomar un año sabático. Durante ese periodo exploré las opciones para mi siguiente carrera y decidí comenzar una empresa de *coaching* de negocios, que se convirtió en *Building Champions, Inc.* Fue entonces cuando me presentaron por primera vez el concepto de Planificación de Vida. Había hecho amistad con el autor y formador en ventas Todd Duncan. Él desempeñó un papel fundamental en ayudarme a lanzar ese nuevo negocio, y la Planificación de Vida fue un proceso que él usó en su formación.

Durante mi año sabático redacté mi primer Plan de Vida y más adelante creé la herramienta que es el fundamento para este libro. Creyendo que el autoliderazgo siempre precede al liderazgo de equipos, hacemos que nuestros clientes comiencen con la Planificación de Vida antes de hablar de negocios y de desarrollo de liderazgo. A lo largo de los años, miles de personas han recibido ayuda del proceso Planificación de Vida.

La Planificación de Vida ha sido una gran ayuda también para mí. Más de veinte años después de descubrir e implementar el proceso, no solo evité el destino de algunos de mis colegas, sino que también he podido estructurar mis días en torno a las cosas que más importan.

La historia de Michael es similar.

EL COSTO DEL ÉXITO

En julio de 2000 el editor de *Nelson Books,* uno de los sellos de *Thomas Nelson Publishers,* dimitió repentinamente. Me pidieron (Michael) que lo sustituyera en su puesto y me hiciera responsable del negocio. La división estaba en una mala situación, hasta ahí lo sabía, pero no tenía ni idea de cuán mala era. Resultó que *Nelson Books* era la división menos rentable en una empresa que tenía catorce divisiones.

Durante los dieciocho meses siguientes hice muy pocas cosas aparte de trabajar para dar un giro a las cosas. Viajaba constantemente, y mi equipo y yo pasábamos innumerables noches en la oficina. Pasamos de ser la división menos rentable a ser la más rentable. Fui ascendido otra vez y me dieron más responsabilidades.

Pero el éxito comenzó a cobrar su precio. A medida que la carga de trabajo aumentaba, el ejercicio disminuía. Comía cada vez más comida basura, y comencé a subir de peso. Me sentía estresado, y finalmente terminé en la sala de emergencias con lo que yo creía que era un ataque al corazón. Afortunadamente no lo fue, era el peor caso de reflujo ácido que hubo jamás, pero me dio un susto de muerte y captó mi atención. Entendí que aunque tenía un plan para mi carrera, no tenía uno para mi vida. Si algo no cambiaba, yo terminaría quemado, colapsado, o algo peor.

Por recomendación de un amigo, contraté a Daniel como mi coach ejecutivo. "La vida no tiene que ser de esta manera", me alentó él. Podía vivirse con propósito y equilibrio. Para mostrarme cómo, Daniel me ayudó a crear un Plan de Vida. Fue la primera vez que pensé sistemáticamente en los resultados que quería ver en las áreas principales de mi vida fuera del trabajo. Por primera vez en meses, comencé a tener esperanza.

"Esto no te aislará de las adversidades y los giros inesperados de la vida", advirtió Daniel, "pero te ayudará a convertirte en un participante activo en tu vida, moldeando intencionadamente tu propio futuro". Él tenía razón. La experiencia de crear un Plan de Vida, revisarlo regularmente y actualizarlo según sea necesario, ha sido transformadora para los dos. A medida que han aumentado nuestra familia, amigos, carrera y otros intereses, nuestros Planes de Vida nos han mantenido en el rumbo correcto, fieles a las cosas que más valoramos.

Por nuestra propia experiencia queremos compartir contigo el poder de crear un Plan de Vida. Aquí está la gran noticia. No tienes que ser un ejecutivo de mediana edad al borde del agotamiento para beneficiarte de la planificación de tu vida. De hecho, mientras antes comiences, más influencia puedes tener en conseguir la vida que quieres: financieramente, relacionalmente, físicamente y espiritualmente. Personas en cualquier etapa de la vida se beneficiarán de tomar las riendas y dirigirse hacia la dirección correcta.

NUESTRA PROMESA PARA TI

Todos nos perdemos de vez en cuando. Creemos que conocemos la dirección correcta, pero nos desviamos del camino. Puede que no estemos seguros de cómo regresar al rumbo correcto, o puede que sepamos exactamente dónde vamos, ¡pero no nos gusta el destino!

En este libro queremos proporcionar la claridad que necesitas para articular una visión para tu vida, para toda tu vida, y desarrollar un plan para llegar a un destino mejor. Todo se trata de ser plenamente consciente de las realidades de nuestros mundos personal y profesional, y utilizar ese nuevo nivel de comprensión para tomar mejores decisiones y relatar mejores historias con nuestras vidas.

Tu mejor futuro mejorará tu sentimiento de lo que es verdaderamente posible para ti en la vida. Si te sientes desequilibrado, has de saber que tu ritmo actual es insostenible; si estás logrando grandes ganancias profesionalmente, pero no quieres descuidar las prioridades personales; si quieres tener un mejor enfoque para tener éxito financieramente; si has experimentado una reciente tragedia y de repente eres consciente de que la vida es breve; si cualquiera de esas cosas es cierta, este libro es para ti.

Tu mejor futuro te equipará para tomar mejores decisiones en cada área de tu vida. La buena noticia es que tenemos más control del que la mayoría de nosotros pensamos. Cada día está lleno de miles de oportunidades para cambiar la historia de nuestras vidas.

Queremos ayudarte a tomar las decisiones más proactivas, intencionales y beneficiosas que sea posible.

Finalmente, *Tu mejor futuro* te posicionará para realizar la contribución más significativa que puedas a este mundo y añadir el mayor valor a quienes te rodean.

Es necesaria una acción definida para ver beneficios positivos. Nuestra meta es ponerte en movimiento, para que así puedas experimentar el cambio que quieres. En este libro te estaremos llamando continuamente a la acción. Hemos sido *coaches* de individuos en todo tipo de circunstancia en la vida mediante este proceso, y hemos visto una transformación notable. Lo único que importa, y esto es crítico, es que estés *listo para un cambio positivo.*

Lo que dijo J.P. Morgan es cierto: "El primer paso hacia conseguir algo es decidir que no vas a quedarte donde estás".

Por lo tanto, avancemos.

PERSPECTIVA GENERAL DEL LIBRO

Tu mejor futuro consiste en diez capítulos que te llevan a un viaje hacia entender tu necesidad de un Plan de Vida, el proceso de crearlo, y el aliento para hacer que suceda. Se trata de equiparte para llenar tus días de las decisiones que te permitan vivir una vida más proactiva e intencional. Si decides seguir nuestras recomendaciones, tendrás las herramientas e indicaciones para vivir planificando el futuro, y no mirando por el espejo retrovisor. Aquí tienes un mapa de ruta para *Tu mejor futuro.*

Capítulo 1: *Reconoce la Deriva.* Exploramos por qué tan pocas personas planifican sus vidas y lo que sucede cuando no lo hacen. Por lo general se reduce a lo que denominamos "la deriva", una metáfora para entender cómo llegamos a destinos que no escogemos de modo consciente. Si hay un villano en la historia, es este.

Capítulo 2: *Entiende la Misión.* Definimos exactamente qué queremos decir con el término *Plan de Vida,* lo que es y lo que no es. También compartimos tres poderosas preguntas que puedes usar para organizar tu plan, y tu *vida.*

Capítulo 3: *Agradece los Beneficios.* Desarrollamos los seis principales beneficios de crear tu Plan de Vida. Es importante conectar con tu *porqué* si quieres hacer el esfuerzo para crear e implementar un Plan de Vida.

Capítulo 4: *Diseña tu Legado.* Te alentamos a avanzar hasta el final de tu vida y hacer esta pregunta: "¿Qué dirán familiares, amigos y colegas cuando yo esté muerto?". Podría sonar morboso, pero es muy útil. Cuando te hayas ido, lo único verdaderamente importante que dejarás atrás son los *recuerdos* que hayas creado. ¿Cómo quieres ser recordado? La posibilidad de dar forma a esos recuerdos puede ser una potente palanca para motivar el cambio positivo.

Capítulo 5: *Determina tus Prioridades.* Te ayudamos a identificar tus diversas "Cuentas de Vida". Y compartimos una evaluación en línea llamada Perfil de Evaluación de Vida™ diseñada para revelar tu *pasión* y tu *progreso* en cada uno de estos nueve ámbitos principales de la vida.

Capítulo 6: *Traza el Rumbo.* Cuando hayas determinado tus prioridades, es el momento de crear un "Plan de Acción" para cada cuenta. Es ahí donde piensas en dónde estás y dónde quieres estar. Te ayudamos a crear una declaración de propósito, a describir el futuro que imaginas, a determinar tu realidad actual, y a elaborar compromisos específicos.

Capítulo 7: *Dedica un Día.* Cuando llegues a este capítulo tendrás todas las herramientas necesarias para crear un Plan de Vida. Ahora, y no más adelante, es el momento de crearlo. Explicamos el valor de planear un día completo, cómo prepararte para él, y cómo hacerlo.

Capítulo 8: *Implementa tu Plan*. Es aquí donde las cosas se vuelven prácticas. La meta de la Planificación de Vida es cambiar tu vida y situarte en el sendero de la vida que siempre has soñado tener. La clave es el margen: el tiempo y la energía para adoptar nuevas prácticas y lograr tus resultados. Compartimos tres estrategias para crear el margen que necesitas para hacer el progreso que quieres.

Capítulo 9: *Mantenlo Vivo*. Un Plan de Vida es inútil a menos que lo repases regularmente. Sugerimos un patrón de repaso regular, ya sea cada semana, cada trimestre o cada año, y proporcionamos una agenda y recursos para cada uno. Basados en nuestra amplia experiencia al ser *coaches* de miles de clientes y asistentes a seminarios, el repaso y la revisión regulares son cruciales para hacer que tu Plan de Vida sea un documento vivo y eficaz.

Capítulo 10: Únete a la Revolución. Las organizaciones inteligentes alientan a sus empleados a desarrollar Planes de Vida. Explicamos por qué y cómo puedes implementar la Planificación de Vida en tu organización, incluso si no eres el director general. La recompensa será empleados más productivos y participativos, creando una cultura con una ventaja estratégica en el ambiente competitivo actual.

Además de estos capítulos, proporcionamos cuatro muestras de Planes de Vida de personas de diversas circunstancias de vida. Junto con una serie de recursos de "tuerca y tornillo" a los que puedes tener acceso en LivingForwardBook.com, te muestran cómo se encaja todo en un único documento.

COMIENZA EL VIAJE

Estamos agradecidos de que hayas decidido leer este libro, y tenemos confianza en que puedes vivir una historia mejor si haces uso plenamente de las ideas y los procesos que siguen.

Este *Plan de Vida* concordará con quienes quieren la paz que viene de saber lo que más les importa y cómo llenar sus días, semanas, meses y años de acciones que les capacitarán para marcar la mayor diferencia posible.

Este podría ser algo más que el principio de un libro. Podría ser el principio de una vida transformada, una vida de propósito e intención. El cambio comienza *ahora*.

PRIMERA PARTE

ENTIENDE TU NECESIDAD

1

RECONOCE LA DERIVA

Para llegar a un puerto debemos navegar, a veces con el viento, y otras veces contra él. Pero no debemos ir a la deriva o quedar anclados.

—OLIVER WENDELL HOLMES

Yo (Daniel) tengo una pequeña cabaña en la costa de Oregón. Las playas del noroeste son preciosas y están llenas de un surf desafiante y fantástico. Durante los meses de otoño e invierno llegan tormentas y producen olas muy grandes y limpias. Desgraciadamente, las olas a veces surgirán con fuertes vientos y corrientes que pueden causar un caos absoluto en el agua.

Era uno de esos días. Las olas rompían hacia el final de un cabo cercano que sobresale más de 90 metros hacia el océano. Yo iba remando con otras tres personas, incluido Austin, que era nuevo en el surf. Poco después de salir, noté que Austin estaba siendo arrastrado más allá del cabo hacia el mar. Estaba atascado en fuertes aguas revueltas.

Austin era fuerte, pero carecía del conocimiento de las aguas para salir de la corriente, y cada vez se alejaba más. Yo remé hasta el borde de la corriente y después hacia él con la corriente. Cuando me puse a su altura, indiqué a Austin que cambiara de rumbo. En lugar de remar hacia la costa, lo cual parecía tener sentido, remamos en paralelo a ella. Si nos alejábamos lo suficiente, yo sabía que saldríamos de la corriente y estaríamos en aguas más calmadas. Entonces estaríamos libres para remar hacia la costa. Nos tomó media hora, pero finalmente pudimos regresar a la arena, agotados.

La vida puede tener el mismo efecto sobre nosotros. Nos resulta muy fácil encontrarnos atascados en aguas revueltas y desviarnos del rumbo. Peor aún, podemos encontrarnos en el camino del peligro. Muchas personas cumplen los cuarenta, los cincuenta y los sesenta años, miran a su alrededor y se dan cuenta de que han sido empujados al mar. Quizá su salud les falla, su matrimonio está roto, o su carrera profesional está atascada. Tal vez han perdido su conexión espiritual, y la vida parece no tener significado ni ser satisfactoria. Cualquiera que sea el caso, levantan la mirada y se encuentran muy lejos de donde pensaban que estarían en ese punto en sus vidas. Se han convertido en víctimas de la deriva.

¿CÓMO TERMINAMOS AQUÍ?

La deriva por lo general se produce por una o más de las cuatro razones siguientes:

1. *Sucede cuando no nos damos cuenta.* A veces vamos a la deriva simplemente porque no sabemos lo que está sucediendo o lo que está realmente en juego. Eso sucedió en la historia anterior. Austin era nuevo en esas aguas en particular y no tenía ninguna experiencia con las corrientes.

Eso puede suceder también en la vida real. Quizá fuiste criado con suposiciones sobre tu salud, las dinámicas matrimoniales o el trabajo, que sencillamente no son útiles. Todos tenemos ideas sobre la vida que son imprecisas. Hasta que miremos de modo distinto, sencillamente no lo sabemos.

2. *Sucede cuando estamos distraídos.* Yo (Michael) también quedé atrapado una vez en una contracorriente. Cuando estaba de vacaciones con mi esposa Gail en Hawái, salimos a hacer *snorkel* con una tabla de *boogie*. Las vistas debajo del agua eran asombrosas, pero estábamos tan distraídos que nos olvidamos de controlar dónde estaba la playa. Cuando finalmente miramos alrededor, estábamos a cientos de metros adentrados en el mar, ¡y tuvimos que salvar nuestras vidas nadando para regresar!

Quizá estás atrapado en tu profesión y te resulta más interesante que pasar tiempo con tu familia. O tal vez estás en un periodo particularmente ajetreado de la educación de tus hijos y descuidas tu salud. Puede que estés tan enamorado de aplicaciones y aparatos que no estés haciendo y terminando las tareas para las que te contrataron.

3. *Sucede cuando estamos abrumados.* A veces aceptamos hacer más cosas de las que deberíamos, y otras veces nos dan más de lo que creemos que podemos soportar. En cualquiera de los casos, nos sentimos abrumados. Para aliviar el problema, nos convencemos a nosotros mismos de que la situación es temporal. "Daremos toda la atención a [llena el espacio] en cuanto atravesemos este periodo", nos prometemos a nosotros mismos y a otros.

Ocasionalmente eso es legítimo, pero por lo general es una excusa. Esto es especialmente cierto cuando nos alejamos de una situación abrumadora a otra, sin hacer un intento verdadero de detenernos y preguntar: "¿Por qué siempre termino en estas situaciones?".

4. *Sucede cuando somos engañados.* Es sorprendente cómo funciona nuestra mente. A menudo no somos conscientes de la relación que existe entre nuestras creencias y la realidad. "Si crees que puedes hacer una cosa o no, tienes razón", dijo Henry Ford. En otras palabras, lo que creemos sobre algo crea con frecuencia el resultado que experimentamos.

Esto es especialmente relevante para la deriva. Quizá crees que *tú* no puedes cambiar; o que *ellos* no cambiarán; o que *el mundo* no cambiará. Te niegas a aceptar el hecho de que tú tienes *control* y puedes influir en el resultado. Por lo tanto vas a la deriva, sintiéndote impotente para cambiar de rumbo.

LAS CONSECUENCIAS DE IR A LA DERIVA

Ir a la deriva puede tener graves consecuencias no solo para ti, sino también para tus seres queridos y quienes cuentan contigo. En algunas situaciones, ir a la deriva puede ser claramente peligroso. Es importante entender las consecuencias para así poder evitar el problema y emprender acciones correctivas ahora, mientras aún puedes evitar una o más de estas cinco costosas consecuencias:

1. *Confusión.* Cuando vamos a la deriva, perdemos la perspectiva. Sin un destino claro a la vista, los retos del viaje parecen inútiles. No hay una historia mayor para dar significado a los dramas menores de la vida. Cuando eso sucede, nos desorientamos. Como un senderista sin una brújula o GPS, caminamos en círculos, perdidos en un bosque de eventos y actividades no relacionados. Finalmente nos preguntamos si nuestra vida tiene algún significado, y perdemos las esperanzas de encontrar nuestro propósito.

2. *Gasto.* Ir a la deriva por la vida también puede ser enormemente caro, tanto en términos de dinero como, más importante, en términos de tiempo. Demasiadas veces vamos por la vida haciendo zigzag, inseguros del destino donde nos dirigimos y gastando recursos valiosos y finitos. A veces, lo mejor que podemos hacer es detenernos y orientarnos. Aunque hacer eso puede parecer una demora

del viaje, al final es más rápido y más barato en términos de llegar donde realmente queremos ir.

3. *Oportunidad perdida*. A menos que tengamos en mente un destino, es difícil separar las oportunidades de las distracciones. Nos preguntamos: ¿Me acercará esta situación a mi meta, o me alejará de ella? Sin un plan, no tenemos manera de saberlo. No hay un sentimiento real de urgencia, ninguna razón para agarrar la oportunidad, y ningún sentido de lo que podríamos perder si no lo hacemos. Entonces, es fácil postergar. Y la mayoría de oportunidades tienen fechas de caducidad. Si las perdemos, a menudo quedan perdidas para siempre.

4. *Dolor*. Aunque es inevitable cierto dolor en la vida, nos producimos mucho a nosotros mismos. Con demasiada frecuencia se debe a que no planeamos. Por ejemplo:

    - Sin un plan para nuestra salud, ya sea física, mental o espiritual, podemos terminar enfermos, sin energía, atascados en la depresión, o... ¡muertos!
    - Sin un plan para nuestra carrera profesional, podemos terminar insatisfechos, estancados, o desempleados.
    - Sin un plan para nuestro matrimonio, podemos terminar desgraciados, separados o divorciados.
    - Sin un plan para la educación de nuestro hijos, podemos terminar con relaciones tensas, niños dañados, y verdaderos lamentos.

    Este es el peligro de ir a la deriva. Si intentamos recorrer el viaje de la vida sin un plan, podemos encontrarnos metidos en problemas, quizá problemas profundos, rápidamente.

5. *Remordimientos*: Quizá la consecuencia más triste de todas es llegar al final de la vida con profundos lamentos. Experimentamos los "si tan solo":

Si tan solo me hubiera alimentado mejor, hubiera hecho más ejercicio, y me hubiera ocupado mejor de mi cuerpo.

Si tan solo hubiera pasado más tiempo leyendo, aprendiendo otro idioma, o visitando otros países.

Si tan solo hubiera pasado más tiempo intentando conectar con mi cónyuge, escuchando en lugar de hablando, y buscando entender en lugar de ser entendido.

Si tan solo hubiera pasado más tiempo con mis hijos: yendo a sus partidos y recitales, llevándolos de acampada y de pesca, y explicándoles cómo navegar por la vida.

Si tan solo hubiera sido lo bastante valiente para lanzarme y comenzar mi propio negocio.

Si tan solo hubiera sido más generoso, dando de mi tiempo, talento y dinero, intentando ayudar a quienes necesitaban que les echara una mano.

Todos conocemos la verdad de la frase: "La vida no es un ensayo general". Hay consecuencias reales si la entendemos mal. Muchos de nosotros estamos atravesando esas consecuencias en este momento. No hay modo de evitarlo: vivimos en la estela de nuestras decisiones. Pero la buena noticia es que nuestras decisiones las podemos controlar. Hoy es el día para hacer que esas decisiones cuenten realmente.

UNA PRESENTACIÓN DEL PROCESO

La Planificación de Vida es exactamente lo contrario a la deriva. La deriva se trata de pasividad, y la Planificación de Vida se trata de proactividad. La deriva se trata de culpar a nuestras circunstancias o a otras personas, y la Planificación de Vida se trata de hacernos responsables. La deriva se trata de vivir sin un plan, y la Planificación de Vida se trata de tener un plan y desarrollarlo.

Este libro está organizado según las tres metas que queremos ayudarte a alcanzar:

1. *Ser consciente de tu ubicación actual.* Queremos ayudarte a ver dónde estás en relación con dónde quieres estar. Reconocer plenamente tu realidad actual en cada área de tu vida es crítico para avanzar en una dirección mejor. Hablaremos de esto en los capítulos 2-3.
2. *Decidir adónde quieres ir.* La esencia de la Planificación de Vida es imaginar un futuro mejor. Queremos empoderarte para soñar. ¿Qué tipo de salud física, mental o espiritual quieres poseer? ¿Qué tipo de matrimonio quieres disfrutar? ¿Qué tipo de profesión quieres tener? ¿Por qué conformarte con ir a la deriva hacia una situación aburrida, o incluso peligrosa? Cubriremos todo eso en los capítulos 4-7 y te daremos algunas herramientas y esquemas sencillos y a la vez poderosos para ayudarte a trazar tu rumbo deseado.
3. *Comenzar a trabajar hacia tu destino.* Cuando hayas reconocido dónde estás y hayas decidido adónde quieres ir, puedes comenzar a avanzar hacia tus metas. Sí, requerirá trabajo, pero ahora eres consciente de la brecha y puedes comenzar a llenar tu día de las acciones que la cerrarán. Cuando tienes un plan, cada día se convierte en una oportunidad para avanzar hacia tu destino. Hablaremos de esto en los capítulos 8-10.

Dondequiera que estés, escúchanos: puede que sientas que te has desviado demasiado lejos del rumbo para poder regresar a él, como si la costa estuviera demasiado lejos. Quizá has renunciado a la esperanza y no crees que las cosas pueden ser diferentes. No puedes cambiar el pasado, pero todos nosotros tenemos la capacidad de cambiar el futuro. Las decisiones correctas hoy alterarán de manera radical la forma que adopte el mañana.

2

ENTIENDE LA MISIÓN

No hagas planes pequeños, pues no tienen ninguna magia para avivar la sangre de los hombres y probablemente no se cumplirán. Haz grandes planes; apunta alto en esperanza y trabajo, recordando que un diagrama noble y lógico una vez grabado, no morirá.

—DANIEL H. BURNHAM

Benjamín Franklin es el primer Planificador de Vida del que sabemos. Alrededor del año 1730, cuando tenía veintitantos años, trazó un plan para la automejora. Enumeró trece virtudes esenciales que quería desarrollar en su vida; cosas como templanza, frugalidad, diligencia y humildad. Escogió una virtud en la cual enfocarse cada semana, y mantenía un registro diario para comprobar su progreso.[1]

Por desafiante que fuera, el plan de Franklin era relativamente simple. Pero la primera vez que yo (Michael) escuché sobre Planificación de Vida, pensé que podría ser como la planificación estratégica empresarial, solo que más detallado: una carpeta de anillas con un detallado análisis SWOT,[2] planes de acción y diagramas de Gantt. ¿Quién tiene tiempo para eso?

¿QUÉ ES UN PLAN DE VIDA?

Aunque otros también han escrito o hablado sobre este tema, el término *Plan de Vida* parece haber sido activado por la industria de los servicios financieros. Si escribes el término en Google, el 99 por ciento de los resultados señalan a sitios web que venden productos financieros o de seguros. Nosotros no. Utilizamos este término para referirnos a un tipo de documento concreto. Cuando decimos Plan de Vida, nos referimos a lo siguiente:

> Un Plan de Vida es un breve documento escrito, por lo general de ocho a quince páginas. Está creado por ti y para ti. Describe cómo quieres ser recordado; articula tus prioridades personales; proporciona las acciones específicas necesarias para llevarte desde donde estás hasta donde quieres estar en cada área importante de tu vida. Es, sobre todo, un documento vivo al que harás cambios y ajustes tal como sea necesario durante el resto de tu vida.
>
> Vamos a desarrollarlo frase por frase.

Un Plan de Vida es un breve documento escrito, por lo general de ocho a quince páginas. Sí, eso es. No es una carpeta de anillas grande y gruesa con cien páginas de planes detallados. No, es solo un breve documento escrito que puedes leer con facilidad cada día o cada semana.

No dejes que la brevedad te engañe. La longitud no se relaciona con el impacto. Los Diez Mandamientos, el Sermón del Monte, el Edicto de Milán, la Carta Magna, las 95 Tesis de Lutero, el Pacto del Mayflower, la Declaración de Independencia, la Constitución de los Estados Unidos, el Discurso de Gettysburg, y la Proclamación de Emancipación: todos estos documentos que transformaron el mundo tienen menos de cinco mil palabras, es decir de quince a veinte páginas en un libro impreso. Y la mayoría de ellos tiene menos de mil palabras, solo de tres a cinco páginas. Un texto no tiene que ser largo para cambiar el curso de la historia; y tampoco tu Plan de Vida tiene que ser largo para cambiar *tu historia*. Solo se requieren de ocho a quince páginas.

Está creado por ti y para ti. No puedes contratar a otra persona para que lo haga por ti. Esto es algo que tiene que comenzar *contigo*. Tiene que salir de tu corazón. Ninguna otra persona puede crearlo. Ninguna otra persona lo leerá (excepto quizá alguien que te ayudará a alcanzar tus metas, como un cónyuge, un buen amigo, o un coach). Está creado exclusivamente por ti y para ti.

Describe cómo quieres ser recordado. Cuando nos hayamos ido, lo único esencial que dejaremos atrás son los recuerdos que *creamos* en las vidas de quienes hemos tocado y de quienes amamos. Lo bueno es que tenemos la oportunidad de producirlos *ahora*. No tenemos que dejarlos que ocurran al azar, sino que podemos ser intencionales para crearlos.

Articula tus prioridades personales. Para la mayoría de nosotros, nuestras prioridades están establecidas por fuerzas externas: nuestro cónyuge, nuestros padres o familias, nuestro jefe, o nuestra red social. Pero ¿cuáles son *nuestras* prioridades? ¿Cuáles son las que queremos que den forma a nuestra vida? ¿Y qué queremos ver en cada una de esas prioridades en algún momento en el futuro? Un Plan de Vida es una oportunidad para definir esa visión para nosotros mismos.

Provee las acciones específicas necesarias para llevarte desde donde estás hasta donde quieres estar en cada área importante de tu vida. Sí, nos adentraremos en acciones repetibles o no negociables. Pero no son del tipo que utiliza la Marina para construir un submarino o que utilizan las empresas para introducir un nuevo producto. Serán sencillas e irán al grano.

Es, sobre todo, un documento vivo al que harás cambios y ajustes tal como sea necesario durante el resto de tu vida. Esta es la clave. Un

Plan de Vida no es un resultado en sí mismo; es la manifestación de un proceso continuado en el que planificas, implementas, evalúas, y después vuelves a hacerlo otra vez. La primera vez que creas un Plan de Vida es la más difícil. Como estás comenzando desde cero, puedes tener la sensación de estar inventando la rueda. Pero cuando lo hayas hecho la primera vez, simplemente sigues rodando la rueda cada año cambiándolo y ajustándolo.

HACER LAS PREGUNTAS CORRECTAS

El formato del Plan de Vida está impulsado por tres poderosas preguntas, pero antes de compartirlas contigo queremos hablar sobre el increíble poder de las preguntas. Nuestras vidas son moldeadas por las preguntas que hacemos. Buenas preguntas conducen a buenos resultados. Malas preguntas conducen a malos resultados.

En 2003, por ejemplo, yo (Michael) fui nombrado presidente de Thomas Nelson Publishers, la séptima editorial de libros más grande en los Estados Unidos. Fue un periodo muy ajetreado, con mucha presión hacia el desempeño.

Una mañana de camino al trabajo agarré mi computadora con la mano derecha, una taza de café recién hecho con la izquierda, y bajé las escaleras para irme al trabajo. A cuatro peldaños del final resbalé con la alfombra, y al no tener ninguna mano libre para agarrarme al pasamanos, caí directamente con el trasero sobre el piso, derramando café durante todo el camino. Pero el desastre fue tan solo el comienzo.

Como ya iba tarde y tenía por delante un día muy ocupado, me puse de pie para recogerlo todo y poder irme. Fue entonces cuando sentí el dolor. Me había roto el tobillo. Mi día se me escapó; y también los diez siguientes. Tuvieron que operarme, incluyendo ponerme una placa y seis tornillos para reparar el daño. Además de eso, tuve que llevar una bota terapéutica durante tres meses. ¡Lejos de la presidencia! Aquello no pudo haber sucedido en un momento peor.

En ese punto podría haberme hecho varias preguntas: ¿Por qué soy tan torpe? ¿Por qué tiene que suceder esto ahora? ¿Qué hice yo para merecer esto? Pero el problema con esas preguntas es que son totalmente improductivas y te dejan discapacitado. Son naturales, desde luego, y probablemente incluso necesarias. Todo es parte del proceso de lamentar una pérdida, pero en última instancia hay preguntas mejores.

Una de las mejores preguntas que puedes hacer cuando suceda algo negativo es: ¿Qué hace posible esta experiencia? ¿Ves el cambio? De repente, tu atención pasa del pasado, sobre el cual no puedes hacer nada, al futuro. En mi caso, un tobillo roto tuvo varios beneficios positivos, incluido un descanso muy necesario.

Independientemente de cuáles sean las circunstancias, lo fundamental es esto: no siempre puedes escoger lo que te sucede. Los accidentes y las tragedias se producen. Lo que puedes hacer es escoger cómo respondes a esas situaciones, y una de las mejores maneras de comenzar es hacerte las preguntas correctas.

TRES PREGUNTAS PODEROSAS

Lo mismo es cierto cuando se trata de tu Plan de Vida. Es el resultado de responder a tres preguntas poderosas. Consideremos esas preguntas una a una.

Pregunta 1: ¿Cómo quiero ser recordado? Al planificar cualquier cosa, el mejor lugar donde comenzar es en el final. ¿Qué resultado quieres? ¿Cómo quieres que termine la historia? ¿Cómo quieres ser recordado cuando te hayas ido?

Hablaremos del legado con detalle en el capítulo 4, pero solo has de saber que esta es una pregunta revolucionaria, digna de tus mejores pensamientos y tu reflexión más profunda.

Pregunta 2: ¿Qué importa más? Quizá nunca te hayas dado permiso a ti mismo para hacer esta pregunta. Por ejemplo: sabes lo que es importante para tus padres; puede que sepas lo que es importante para tu cónyuge; seguramente sabes lo que es importante para tu jefe. Pero ¿qué es importante para ti? ¿Qué importa más en tu vida? Esta es una pregunta sobre prioridades. Ninguna otra persona puede decidir cuáles son para ti. Debes hacerte tú mismo responsable de ellas. Tendremos más que decir sobre las prioridades en el capítulo 5.

Pregunta 3: ¿Cómo puedo llegar desde aquí hasta donde quiero estar? Si quieres mejorar tu vida y alcanzar tu potencial, tendrás que saber dónde estás ahora, dónde quieres estar, y cómo llegar desde un punto hasta el otro. Hablaremos sobre trazar tu rumbo en el capítulo 6. Por ahora, queremos que entiendas el marco.

UN GPS PARA TU VIDA

Comenzamos el libro comparando la Planificación de Vida con una aplicación de GPS que te lleva de regreso al camino. Es una metáfora estupenda, en especial al responder a la tercera pregunta, que se trata sobre llegar desde donde estás hasta donde quieres estar.

Todas las metáforas se desmoronan en algún punto, pero la metáfora del GPS sirve para subrayar y explicar cómo puede funcionar un Plan de Vida para ti.

Un GPS requiere que introduzcas tu destino. No sucede nada hasta que decides dónde quieres ir. Lo mismo es cierto de un Plan de Vida. Te fuerza a determinar los resultados en cada una de tus principales categorías en la vida. Esta es la primera sección en el Plan de Vida.

Un GPS te lleva a tu destino más rápidamente y con menos dificultad. Todos tenemos retos direccionales. Sin ayuda técnica, nos perdemos rápidamente. Nuestro sistema de navegación del iPhone nos lleva a nuestro destino sin el estrés de intentar descifrarlo nosotros mismos. Lo mismo es cierto de un Plan de Vida.

Un GPS te hace comentarios constantes sobre tu progreso. Siempre sabes la calle en la que estás, qué distancia debes viajar hasta el siguiente giro, y a qué distancia estás de tu destino final. Un Plan de Vida es similar. Te dice dónde estás en relación con donde quieres ir, te proporciona el contexto y te mantiene orientado.

Un GPS te ayuda a regresar al rumbo cuando te pierdes. Incluso con un GPS podrías hacer un giro equivocado (¡todos lo hemos hecho!); pero el sistema nunca te reprende, simplemente te dice cómo regresar al rumbo. Es lo mismo en un Plan de Vida. Te da un punto de referencia, de modo que puedes llegar a tu destino.

Un GPS te desvía cuando hay obstáculos. Es inevitable que te encuentres con obstáculos de camino a tu destino. Un buen GPS es capaz de ajustarse y recalcular la ruta. Lo mismo es cierto de un Plan de Vida. Proporciona la flexibilidad para vencer los obstáculos y seguir avanzando.

Un GPS no siempre es preciso. Esto no es sorprendente. Es un reto para las bases de datos de los mapas estar actualizados con todos los cambios: nuevas carreteras, carreteras cortadas, accidentes de tráfico, etc. Lo mismo es cierto de tu Plan de Vida. No siempre lo captará correctamente, y debes hacer ajustes a medida que te encuentres con la realidad. Un Plan de Vida te da un marco para hacer eso.

Un GPS requiere una inversión. ¿Has rentado un auto y tuviste que tomar la decisión de si pagar un extra por el sistema de navegación? Aunque ahora hay varias aplicaciones gratuitas, esa inversión valió la pena. Un Plan de Vida es similar. Requiere una inversión inicial de tiempo y repaso regular, pero las recompensas bien valen la pena al final.

MÁS QUE UN DOCUMENTO, UNA PRÁCTICA DE POR VIDA

Como mencionamos anteriormente, redactar un Plan de Vida por primera vez es lo más difícil, pero se irá haciendo más fácil con el tiempo. No es algo que debes escribir y dejarlo en el estante. La meta no es solo producir el documento y regresar a "las cosas como siempre".

El valor real está en la mejora constante e interminable. La Planificación de Vida es algo que querrás hacer durante el resto de tu vida. De hecho, se convertirá en un modo de vida.

3

APRECIA LOS BENEFICIOS

El hombre sin propósito es como un barco sin timón.

—THOMAS CARLYLE

Durante las dos últimas décadas, mi equipo y yo (Daniel) hemos sido *coaches* de algunos de los más estupendos profesionales y líderes de negocios en todo el mundo. La mayoría de ellos están acostumbrados a crear planes de negocio y tienen algún tipo de plan económico para sus finanzas, pero muy pocos llegan a *Building Champions* con algún tipo de plan para sus vidas.

Como dijimos anteriormente, la mayoría de personas pasan más tiempo planificando unas vacaciones de una semana que identificando qué resultados quieren ver en las principales áreas de sus vidas. ¿Es sorprendente cuando la vida no resulta del modo que queremos?

Por eso creemos que todos —en especial los líderes— deberían tomar el tiempo para crear un Plan de Vida por escrito. El autoliderazgo siempre precede al liderazgo de equipos, y el Plan de Vida puede ser una de las herramientas más poderosas para ayudar a liderarte mejor a ti mismo. Hay al menos seis beneficios de hacerlo.

BENEFICIO 1: ESCLARECER PRIORIDADES

En febrero de 2009 las escaleras, el café y la escayola ya eran historia antigua. Yo (Michael) era ahora director general de Thomas Nelson Publishers, y la empresa estaba justamente en medio de lo que llegaría a denominarse la Gran Recesión. La industria del libro, al ser dependiente del gasto de los consumidores, fue golpeada de manera realmente dura. Editoriales, imprentas y libreros, todo ellos sufrían. Las ventas cayeron casi en un 20 por ciento. La empresa ya había pasado por dos rondas de despidos, dejando ir casi a una cuarta parte de sus empleados. Fueron tiempos oscuros y difíciles. Cada día era una batalla.

Para añadir gravedad a este drama, los dueños de Nelson, que habían comprado la empresa en lo más alto de la burbuja del mercado inmobiliario que más adelante causó la recesión, no anticiparon una caída cuando preparaban sus previsiones. Tampoco lo anticipamos nosotros, el equipo de personal. Todos suponíamos ingenuamente que las ventas y los beneficios seguirían moviéndose, como a las personas de finanzas les gusta decir, "arriba y a la derecha". Por lo tanto, la empresa estaba batallando para cumplir con las deudas que tenía pactadas.

Mi equipo y yo estábamos bajo una presión enorme. Cada día traía un nuevo conjunto de problemas, y ninguno de nosotros tenía idea de cuándo mejoraría la economía. Controlábamos lo que podíamos e intentábamos ser todo lo creativos posible, pero los consumidores no se movían. A medida que pasaban los meses, el liderazgo estaba frustrado y cada vez más desesperado.

Yo sabía que necesitaba unas vacaciones. La batalla constante se estaba cobrando su precio. Yo necesitaba alejarme, volver a conectar con mi esposa Gail, y obtener cierta perspectiva vital. Un poco de descanso tampoco vendría mal. Mi ritmo era insostenible. Afortunadamente, unos amigos nos ofrecieron su cabaña en lo profundo de las Rocosas, en Colorado. La lejanía parecía la receta perfecta, de modo que Gail y yo hicimos nuestras maletas, nos subimos a un avión, y anticipábamos una semana alejados de todo.

Yo planeaba desconectarme cuando salí de Colorado Springs hacia la cabaña, pero cuando aterrizamos en Dallas para nuestra escala, encendí mi teléfono celular y comencé a comprobar el correo. Casi inmediatamente observé un mensaje de mi jefe, uno de los socios de la empresa de capital privado que poseía Thomas Nelson. ¿Y ahora qué?

El correo decía que él y sus colegas planeaban visitar la empresa el lunes y que él esperaba que yo estuviera allí. Se me cayó el alma a los pies, y leí el correo a Gail. "¿Qué vas a hacer?", preguntó ella antes de ofrecerse a cancelar el viaje y regresar a casa, pues entendía la gravedad de la situación.

En ese momento de tensión, encarando la realidad de dos prioridades contrarias, mi Plan de Vida me dio la claridad que necesitaba. El trabajo no era toda mi vida. Era solo una categoría, una importante, pero no más importante que todo lo demás.

Así que la respuesta fue obvia: "Lo siento", respondí a mi jefe, "pero acabo de aterrizar en Dallas. Gail y yo nos dirigimos a las montañas para una semana de vacaciones muy necesarias. Tenemos que buscar y encontrar una fecha alternativa para su visita". No fue una decisión fácil, pero no batallé con ella. Él no se quedó contento, pero en ese punto supe lo que tenía que hacer. Mi Plan de Vida me dio la dirección y el marco que necesitaba para hacer la llamada.

He escuchado historias parecidas una y otra vez de personas de las que hemos sido *coaches*. "Ahora tengo más confianza en *mí*", nos dijo Philip. "Antes del Plan de Vida, yo analizaba en exceso todo o me cuestionaba constantemente la decisión misma". Tomó un tiempo hasta que sus prioridades llegaron a ser realmente una segunda naturaleza cuando él comenzó la Planificación de Vida, pero ahora dice: "las decisiones llegan de manera natural".

Tenemos confianza en que hará lo mismo por ti. Un Plan de Vida te permitirá establecer tus prioridades y entender cómo obran juntas, y cuándo no lo hacen.

BENEFICIO 2: MANTENER EL EQUILIBRIO

Me dieron la oportunidad (Daniel) de construir y liderar mi primer equipo semanas antes de cumplir los veintitrés años. Tenía un mes de matrimonio a las espaldas cuando entré en ese nuevo capítulo de mi vida. Mi experiencia en liderazgo y gerencia en aquel momento era mínima, de modo que mi estrategia era ser el trabajador más duro en el equipo, encontrar personas que quisieran avanzar hacia el éxito, y entonces ayudarles a identificar los pasos, sistemas y conocimiento requeridos para alcanzar sus metas.

Fue entonces cuando desarrollé mi estilo de liderazgo de *coaching* que condujo a comenzar *Building Champions* unos ocho años después. Me gustaría poder decir que fui lo bastante inteligente para haber creado esta estrategia con anterioridad a algunos sacrificios bastante duros, pero no fue así. Mientras hacía todo lo que podía para producir más que los miembros de mi equipo (o "liderar mediante el ejemplo", como pensaba yo), para reclutar, desarrollar, y después sostener el talento que había atraído, descubrí que no había horas suficientes en el día. Me enorgullecía de mis niveles de servicio y de mi disponibilidad. Mi bíper (un pequeño aparato que servía solo para recibir breves mensajes) le daba al mundo acceso a mí las 24 horas del día.

Puedo recordar una cita para cenar con mi esposa en un bonito restaurante en Los Ángeles durante esa época con mi bíper sonando constantemente. Para empeorar aún más las cosas, mucho, mucho más, realmente me levanté de la mesa para encontrar un teléfono de pago y responder a cada persona que me requería. ¡Eso sí que es arruinar una noche romántica! Yo estaba totalmente desequilibrado, y sabía que algo tenía que cambiar.

Muchas personas se encuentran en circunstancias similares. Algunas, por ejemplo, sacrifican su salud a cambio de su horario cargado en exceso. Están demasiado ocupados para hacer ejercicio regularmente; escogen comida rápida para los momentos rápidos, suben de peso, y se dirigen con rapidez hacia una importante crisis de salud. Otros sacrifican su matrimonio y a sus hijos a cambio de su profesión, sus pasatiempos, o trabajo voluntario. Esto no sucede de repente, por supuesto. Es progresivo. Pero comenzamos a tambalearnos, perder el equilibrio, y caer a veces con dureza.

Yo estaba tan motivado hacia el éxito que estaba poniendo toda mi energía en mi carrera y creyendo la mentira de que eso es lo que se requiere para tener éxito. Lo que sabía era que, efectivamente, ganaría más respeto, más elogios y más dinero, pero si mis decisiones y mis límites no cambiaban, mi matrimonio, mi salud y muchas más cosas sufrirían. Necesitaba un plan sólido para mi vida que me ayudara a identificar cómo podía tener éxito en todas las áreas importantes de mi vida, y no solo en mi carrera y mis finanzas.

Es importante señalar que equilibrio no significa aplicar recursos iguales a cada área de la vida. Las personas a veces dan a entender eso cuando hablan de equilibrio entre trabajo y vida, como si hubieran dividido sus recursos igualmente entre el trabajo y el resto de su vida. No es eso de lo que estamos hablando.

Nos engañamos a nosotros mismos si pensamos que equilibrio significa dar igual atención a todo en nuestra vida. El equilibrio solo se produce en la tensión dinámica. Equilibro es dar atención no *igual*, sino *apropiada* a cada una de las diversas categorías de tu vida. Eso significará necesariamente que algunas categorías obtendrán más tiempo y otras menos, pero cada una obtendrá la atención y los recursos necesarios para que siga avanzando hacia un resultado intencional.

Y ahora, como un hombre que ha liderado equipos durante los últimos treinta años y ha pasado los veinte últimos siendo *coach* de algunos de los líderes más ocupados y más exitosos en los negocios, sé que el modo en que nos lideramos a nosotros mismos en la vida, influencia cómo lideramos a quienes nos rodean. El autoliderazgo siempre precede al liderazgo de equipos. Debemos tener un enfoque equilibrado en acumular valor neto en todas las áreas críticas en nuestras vidas, y no solo en una o dos. En definitiva, esto nos permite marcar la mayor diferencia y añadir el mayor valor a quienes nos rodean. Es posible crecer y trabajar sin disminuir otras áreas de nuestras vidas. Planificar nuestro futuro nos ayuda a encontrar y mantener el equilibrio.

BENEFICIO 3: FILTRAR OPORTUNIDADES

Al comenzar en tu vida adulta, buscas oportunidades. *Si tan solo pudieran contratarme para trabajar para esta empresa o esa organización*, piensas. O si tienes un empleo: *Si tan solo pudieran invitarme a trabajar en este proyecto o en ese otro*. Inicialmente, las oportunidades pueden parecer pocas y muy espaciadas entre ellas.

Pero a medida que progresas en la vida, y si eres bueno en lo que haces, las oportunidades se multiplican. Te piden que te ocupes de más proyectos en el trabajo de los que puedes manejar. Tus oportunidades fuera del trabajo también se multiplican: actividades sociales, proyectos voluntarios, obligaciones civiles, y otras. Hay muchas oportunidades realmente buenas en las que puedes invertir tu tiempo.

Y después está tu familia. Quieres invertir tiempo con tu cónyuge, y él o ella quiere tiempo contigo. No es una expectativa irrealista, y sabes que es importante para tu matrimonio. Y después está la creciente lista de tareas pendientes. Cada vez que arreglas o sustituyes algo, se añaden a la lista otras dos cosas nuevas. ¿Y si tienes hijos? Las oportunidades y actividades se multiplican de manera exponencial. Tus hijos están tan ocupados como tú. Antes de darte cuenta, tienes la sensación de ser un taxista, llevando a tus hijos de ida y regreso a la escuela, entrenamiento de fútbol, clases de piano, y fiestas de cumpleaños.

¿Cómo sucedió eso tan rápidamente? Ahora estás inundado de oportunidades y sin manera clara de decidir cuándo decir sí y cuándo declinar. Un Plan de Vida te permitirá filtrar tus oportunidades y enfocarte en lo que más importa.

El año antes de que yo (Michael) escribiera mi primer Plan de Vida, las cosas eran una locura. Las presiones en el trabajo eran inmensas y, mientras tanto, en casa estaban Gail y nuestras cinco hijas de edades comprendidas entre los doce hasta los veintidós años. Asistían a cuatro diferentes escuelas. Dos estaban en la universidad, dos en la preparatoria, y una en la secundaria. Además, eran activas en fútbol, básquet, clases de guitarra, y los proyectos escolares usuales. Si te estás preguntando cómo son los momentos anteriores a un descarrilamiento de un tren, ¡estoy bastante seguro de que así son!

Pero cuando creé un Plan de Vida, me dio el filtro que necesitaba para restablecer prioridades y reorganizar mi vida y comenzar a achicar mis actividades. Las cosas no cambiaron de la noche a la mañana, pero de repente tuve la claridad, la cual me dio la valentía, para manejar mis oportunidades en lugar de ser manejado por ellas. Finalmente pude decir sí a lo que importaba verdaderamente y decir no a (casi) todo lo demás.

BENEFICIO 4: AFRONTAR LA REALIDAD

En 1991 mi socio en los negocios y yo (Michael) sufrimos un colapso financiero. Habíamos construido una exitosa editorial independiente, pero nuestro crecimiento fue más rápido que nuestro capital de trabajo. Durante un tiempo, nuestra distribuidora de libros cerró la brecha con anticipos de efectivo sobre nuestras ventas, pero poco después su empresa matriz quiso que se le devolvieran esos anticipos. Aunque oficialmente no caímos en bancarrota, la distribuidora esencialmente ejecutó el préstamo y se quedó a cargo de todos nuestros bienes.

Fue un periodo difícil. Confundido, frustrado y enojado, inicialmente culpé a la distribuidora. *Si hubieran vendido más, como nos habían prometido, nada de esto habría sucedido. Es culpa de ellos.* Pero finalmente entendí que estaba atascado hasta que tomara la responsabilidad y aprendiera lo que pudiera de la experiencia. Aunque fue increíblemente difícil y humillante, el periodo me enseñó algunas lecciones críticas y transformadoras que me han llevado hasta donde estoy en la actualidad.

No puedes llegar hasta donde quieres ir a menos que comiences en donde estás. Desgraciadamente, la vida moderna parece proporcionar una cantidad innumerable de distracciones para evitar las cosas difíciles de la vida. Peor aún, gran parte de la cultura pop nos dice que nuestras circunstancias son culpa de otra persona.

Lo cierto es que no puedes mejorar lo que no quieres enfrentar con responsabilidad. Los problemas que encuentras en tu salud, tu matrimonio, la educación de los hijos, la carrera o las finanzas personales no desaparecerán por arte de magia. Tienen que ser confrontados y tratados, y es difícil hacerlo sin ayuda de fuera o un proceso que lo fuerce.

Crear un Plan de Vida te equipa para identificar y abordar tus realidades actuales, no para que puedas flagelarte, sino para que puedas desarrollar un plan para cambiarlas y tener la vida que quieres.

BENEFICIO 5: IMAGINAR EL FUTURO

Ron y Barb llevan doce años casados. No tenían un mal matrimonio; simplemente no era estupendo. Se habían acostumbrado a un nivel de coexistencia cómodo. Ron vivía su propia vida, y Barb hacía también lo mismo.

Al sentirse atascado en su vida, Ron se incorporó a un grupo de mentoría. El líder presentó el concepto de Planificación de Vida y, por primera vez, Ron reconoció que su matrimonio se había estancado. Y aún más importante, le dio la oportunidad de imaginar un futuro diferente. Ron se preguntó: ¿Qué tipo de relación quiero tener con mi esposa? ¿Qué sería posible? El proceso de Planificación de Vida creó una brecha o necesidad sentida para Ron: algo necesario para el crecimiento. En lugar de conformarse con el *statu quo*, ahora se está estirando hacia un futuro mejor en su matrimonio.

Mantener tu mirada en el futuro es esencial para aprovechar al máximo el presente. Necesitas reconocer dónde estás, pero también necesitas ver con claridad hacia dónde vas. ¿Qué quieres en cada una de las principales categorías de tu vida? ¿Cómo se verían en su estado ideal?

Hace algunos años, unos clientes nos enviaron a mi esposa y a mí (Daniel) a las Maldivas: una ubicación que está en la lista de deseos de todo surfista. Mientras estábamos allí, trabajé con dos *coaches* de surf que me fotografiaron en acción. En algunas de las fotografías yo me veía descuidado y sin fuerza; en otras, estaba en mucha mejor forma. La diferencia se reducía a dónde estaba yo mirando. Aunque había hecho surf durante treinta años, las fotos revelaban un error de principiante: cuando apartaba mi mirada del objetivo, mi forma se resentía. Donde van tus ojos, sigue tu cuerpo. La mayoría de principiantes miran a sus pies, y se hunden.

La lección es sencilla. Obtienes aquello en lo que te enfocas. Lo que vemos por delante influencia las acciones que emprendemos en este momento. Cómo vivimos y lideramos está directamente relacionado con lo que vemos. Lo importante es que el futuro sea lo bastante atractivo para mantenernos enfocados. Denominamos eso *fuerza de arrastre*.

Tiene que atraerte una meta. Cuando yo miro al futuro, veo que mi esposa Sheri y yo a los setenta y cinco años de edad seguimos siendo mutuamente nuestro mejor y más íntimo amigo, y no hay nadie con quien prefiramos pasar tiempo que el uno con el otro. Seguimos siendo impulsados mutuamente, aún jugamos, y disfrutamos juntos de la vida. La fuerza de arrastre es esencial para alcanzar nuestras metas. Necesitas ver un futuro con tal claridad y atractivo, que pasarás por todas las cosas incómodas que la vida te lance para obtenerlo.

Un Plan de Vida te equipará para imaginar un futuro mejor y más atractivo. Proporciona una oportunidad para que usemos la imaginación para crear un futuro mejor, y después nos muestra dónde tenemos brechas, a fin de que podamos crear planes y hábitos que nos impulsen hacia adelante. Muchos de nosotros nos hemos conformado con lo que es, en lugar de lo que podría ser. Nos hemos convencido a nosotros mismos de que las cosas nunca cambiarán, pero pueden cambiar si nos damos permiso para volver a soñar. ¿Qué tipo de futuro te motiva?

BENEFICIO 6: EVITAR LOS REMORDIMIENTOS

Finalmente, un Plan de Vida ayudará a asegurarte de que no llegues al final de la vida con remordimientos. Muchas personas se desvían del camino muy fácilmente. Ese es el problema con ir a la deriva, y es el problema con no ser intencional.

Hace algunos años, un amigo tuvo una aventura amorosa. Él no se levantó una mañana y dijo: "Bueno, creo que hoy tendré una aventura amorosa". No, fue más gradual e insidioso que eso. La deriva lo hundió, y cuando salió a la superficie para respirar, su vida estaba hecha pedazos. Su esposa se divorció de él; sus hijos adultos se negaron a hablarle; y uno por uno, muchos de sus amigos se alejaron.

La peor parte fue que parecía como si él se negara a aceptar ser el responsable de sus actos. Culpaba a otros de sus malas decisiones, y desarrolló toda una narrativa al respecto: su esposa no le daba la atención que él necesitaba. Su profesión era aburrida, y necesitaba una diversión. Su educación religiosa fue legalista y crítica, casi forzándolo a rebelarse. No pudo ayudarse a sí mismo. Tristemente, la deriva y su incapacidad o indisposición a nadar contra corriente lo llevaron a lugares donde al principio él nunca imaginó que iría.

Pero no solo tenemos que guardarnos contra las grandes tragedias. Uno de nuestros clientes, Garrett, quería llegar a ser un ejecutivo superior en su empresa, pero había un problema. La cultura de esa empresa apestaba. Él pensó que podría mantenerse e influir en el ambiente, pero pronto se dio cuenta de que lo estaba perjudicando y que ese olor a podrido se colaba también en otras áreas de su vida. Él sabía que la familia era demasiado importante para permitir que eso continuara, así que se fue. Sin remordimientos. En un momento de decisión, su Plan de Vida le mantuvo arraigado. La familia de Garrett importaba, y no era tan importante arreglar los problemas de la empresa de otra persona. Pero ¿qué habría sucedido que él hubiera perdido de vista eso? Habría habido muchos remordimientos a medida que sus relaciones sufrieran.

Para muchas personas la vida no ha resultado ser como esperaban. Se encuentran decepcionados, confusos y desalentados, pero no tiene por qué ser de ese modo. Aunque no puedes controlarlo todo, puedes controlar más de lo que crees, y puedes vivir tu vida con un plan que mejorará de modo dramático tus posibilidades de terminar en un destino que escojas. Puedes terminar sin remordimientos. Un Plan de Vida proporciona el seguro que necesitas para el éxito.

CUANDO PIERDES TU PORQUÉ

Las personas se pierden en el camino cuando pierden su porqué. Las razones para crear un Plan de Vida son tan variadas como las personas, pero lo importante es conectar con *tus* razones. ¿Cuáles son los beneficios que ves en crear un Plan de Vida?

Mientras más claro puedas ser sobre esto al principio, más probabilidad tendrás de hacer un seguimiento y crear tu plan. Y aún más importante: más probabilidad tendrás de vivirlo realmente. Eso, después de todo, es la verdadera meta. En la siguiente sección te mostraremos exactamente cómo comenzar.

SEGUNDA PARTE

CREA TU PLAN

4

DISEÑA TU LEGADO

Todas las expectativas externas, todo orgullo,
todo temor a la vergüenza o al fracaso, todas
esas cosas se desvanecen ante la muerte, dejando
solamente lo que es verdaderamente importante.

—STEVE JOBS

Mi amigo (de Daniel) Mike estaba físicamente en forma y era tan divertido como inteligente. Hacía tantas bromas como cualquiera que yo conocí. Ni siquiera el cáncer podía robarle su sentido del humor.

La enfermedad sorprendió a todos. Cuando había recorrido gran parte de su batalla, estábamos almorzando juntos. Mike hablaba de cómo el cáncer había avivado su conciencia del reloj, y dijo que deseaba haber pasado más tiempo con las personas que más importaban en su vida, comenzando con su querida esposa: Gabby. "Todos morimos", dijo él. "Solo que yo no lo entendía plenamente antes". Sentía que había desperdiciado mucho tiempo.

Unos meses después, me llamó Gabby. A pesar del tratamiento, el cáncer se había extendido hasta el cerebro de Mike. Yo agarré un vuelo al día siguiente para estar con Mike en el hospital: el día siguiente a su treinta y ocho cumpleaños.

Entré en la habitación del hospital sin que lo anunciaran, y allí estaba Mike en su cama, enredado en una red de cables y tubos. Él era una sombra de lo que fue antes, demacrado por el cáncer que carcomía su cuerpo. Sus ojos se abrieron como platos. "¿Qué estás haciendo aquí? ¿Estás aquí por negocios, para surfear... o qué?".

"Estoy aquí solo para estar contigo", dije yo. Era la primera vez que veía a mi fuerte amigo asustado. Podía verlo en sus ojos y en sus temblorosas manos.

Al acercarme hacia la cama, pregunté a Mike cómo estaba. Él agarró mi mano y respondió luchando por contener las lágrimas: "No estoy bien. Esta es mi peor pesadilla, está en mi cerebro y no estoy preparado".

Los dos oramos. Hablamos sobre nuestras familias, nuestro trabajo, y las cosas que más importaban. Mike no estaba enojado ni lleno de autocompasión, solamente se sentía en conflicto: intentando ser valiente, pero batallando con la incertidumbre de cómo se desarrollaría el futuro y los temores que eso conllevaba.

Unas horas después me despedí reprimiendo las lágrimas. "No lo sientas por mí", dijo Mike. "Yo podría vivir más que tú. Ninguno de nosotros sabe cuándo se irá": una verdad inesperada y solemne como ninguna otra.

Dos horas después me subí al avión de regreso a casa. Mientras despegaba y volaba por encima de la línea de costa de California, asimilé una puesta de sol espectacular sobre el Pacífico y recordé ver el amanecer esa mañana. Antes de ese día, siempre había visto un estupendo amanecer o atardecer como eventos separados, pero mi día con Mike y su fallecimiento, que se produjo no mucho tiempo después, me recordaron que el atardecer es parte del amanecer.

La pregunta para nosotros es qué sucede en el medio. Es cierto para un día, y es cierto para toda una vida. El problema es que la mayoría de nosotros estamos tan enredados en nuestras actividades momento a momento, que no nos detenemos a preguntarnos: ¿Adónde va todo esto? ¿Cómo va a terminar si sigo en este mismo camino?

Avanza la película de tu vida y descúbrelo. ¿Cómo? Sigue leyendo.

COMENZAR EN EL FINAL

Cuando pensamos en nuestro legado, tenemos que comenzar con el final. Eso es obvio para otras actividades. Lo primero que haces al planificar las vacaciones familiares, por ejemplo, es escoger un destino. Eso determina todo lo demás: el medio de transporte requerido para llegar allí, la ropa que tendrás que llevarte, las opciones de alojamiento disponibles, y las actividades que podrías disfrutar durante tu estancia.

Si es cierto para disfrutar de una salida, lo es infinitamente más cuando se trata de mapear tu vida. ¿Qué resultados quieres tener? El fin determina todo lo demás: los personajes que incluyes en tu historia, el papel que desempeñan en tu vida (y tú en las de ellos), los proyectos que inicias, y el modo en que conduces tus asuntos.

Hay un estupendo versículo hebreo que dice: "Enséñanos a contar bien nuestros días, para que nuestro corazón adquiera sabiduría".[1] A menos que tomemos tiempo para recuperar nuestra perspectiva y afrontar la realidad de que la vida es corta, nos arriesgamos a llegar a un destino que no elegimos, o al menos a uno que no preferiríamos.

Durante los últimos veinte años, los *coaches* de *Building Champions* han estado dirigiendo a nuestros clientes a redactar su elegía como si se estuviera leyendo hoy. Es un poderoso ejercicio que ayuda a las personas a prepararse para el proceso de crear un Plan de Vida significativo y potente. ¿Por qué? Involucra la cabeza y también el corazón, lo cual hemos descubierto que es crítico para que el Plan de Vida de la persona efectúe un cambio real y duradero.[2] Durante tu funeral, alguien de tu familia (quizá incluso algunos amigos) ofrecerá una elegía, unas "buenas palabras" sobre tu vida. En la recepción posterior al servicio, las palabras continuarán. Las personas contarán historias sobre ti y se expresarán unos a otros lo que significaste verdaderamente para ellos. Imagina que pudieras asistir a tu propio funeral y escuchar esas conversaciones.

- ¿Qué recordarían sobre tu vida las personas más cercanas a ti?
- ¿Qué historias se contarían unos a otros?
- ¿Les harían reír, llorar o suspirar esas historias, o las tres cosas?
- ¿Cómo resumirían lo que tu vida significó para ellos?

Nuestros días suman toda una vida. Al final de esa vida, ¿qué dirán los más cercanos a ti, qué recordarán, cómo evaluarán tu legado? La mala noticia es que cuando te hayas ido, no tendrás ningún control sobre eso. Habrás transmitido lo que tuvieras: lo bueno, lo malo o lo feo.

La buena noticia es que aún hay tiempo. El futuro está lleno de posibilidades. Aún puedes influenciar las conversaciones que se producirán cuando tú ya te hayas ido. Puedes darles forma por las decisiones que tomes desde este momento en adelante.

Como dijimos en el capítulo 2, "Entiende la Misión", un Plan de Vida es la respuesta a tres poderosas preguntas. Es momento de responder la pregunta 1: ¿Cómo quieres ser recordado? Esa pregunta te obliga a pensar en tu legado.

SÍ, DEJARÁS UN LEGADO

Normalmente, solo usamos la palabra *legado* cuando hablamos de los ricos y famosos. Obviamente, Abraham Lincoln dejó un legado, y también lo hizo Cornelius Vanderbilt, y Martin Luther King Jr. y Margaret Thatcher. Pero ¿el resto de nosotros?

Nuestro legado está compuesto por el capital espiritual, intelectual, relacional, vocacional y social que transmitimos. Es la suma total de las creencias que abrazas, los valores por los que vives, el amor que expresas, y el servicio que prestas a otros. Es el sello con tu forma que dejas cuando te vas.

Lo cierto es que todo el mundo está en el proceso de crear, y dejar un legado. La pregunta no es: "¿Dejarás un legado?", sino: "¿Qué tipo de legado dejarás?". Cuanto antes te enfrentes a esta realidad, antes puedes comenzar a crearlo. Te guste o no, tu vida ahora da forma a tu legado después. Tienes una influencia en todos los que te rodean, e influenciarás el curso de las vidas de otras personas para bien o para mal. En otras palabras, *tu vida importa*. Estás aquí por una razón. Tu tarea es determinar por qué.

La buena noticia es que puedes moldear los recuerdos de las personas que más te importan. Los pensamientos, las palabras y las acciones que escojas tendrán un impacto. Escogeremos esas cosas en capítulos posteriores, pero aquí queremos ayudarte a aclarar los recuerdos que quieres crear.

Tal como sugerimos, es útil visualizar tu propio funeral. Pregunta: *¿Cómo quiero ser recordado cuando me haya ido?* ¿Qué quieres que digan las personas más cercanas a ti?

No te saltes este paso. Los Planes de Vida más atractivos y efectivos son creados por quienes están totalmente comprometidos con el proceso de crear y seguir su plan. Cada parte de ti debe entrar en este proceso. Permanece abierto y vulnerable contigo mismo.

Querrás captar tus verdaderos valores. Al contar tus días y hacer frente a tu mortalidad, puedes hacer que tu mente y tu corazón participen de manera convincente y poderosa.

"Tengo la sensación de que me ha hecho ser una mejor líder", nos dijo Janet cuando le preguntamos sobre el impacto de la Planificación de Vida. "Soy mucho más compasiva y estoy mucho más conectada". Dijo que este ejercicio del funeral fue la parte más reveladora del proceso; le ha ayudado a ser más humilde y consciente de sí misma, lo cual ha alterado de manera radical la cultura de su negocio.

REDACCIÓN DE TU ELEGÍA

Una manera de redactar una elegía convincente es crear una serie de breves declaraciones de legado que describan cómo quieres ser recordado por las personas importantes en tu vida. Aquí está cómo hacerlo.

1. *Identifica tus relaciones clave.* El primer paso es identificar los diversos grupos de personas que asistirán a tu funeral. Por causa de este ejercicio, supón que todos los que están vivos y en tu vida actualmente, incluso si son mayores que tú, estarán allí. Esto incluye a familia, amigos y asociados de trabajo. No estamos sugiriendo que redactes un párrafo sobre cada persona que esperas que esté en tu funeral, porque eso podría suponer muchas decenas o incluso cientos de individuos. Por ejemplo, "Asociados de trabajo" bastará, sin nombrar a cada persona. Lo mismo se aplica a los familiares. "Hijos" cubre las bases, sin enumerar a cada uno. A continuación hay algunas posibilidades de quienes podrían asistir a tu funeral:

    - Dios
    - Cónyuge
    - Hijos y/o hijastros

- Padres
- Hermanos
- Colegas
- Clientes y compañeros de equipo
- Amigos
- Aquellos de quienes fuiste mentor
- Miembros de la comunidad/iglesia/sinagoga

Tu lista de ninguna manera tiene que incluir a todos ellos, y querrás personalizarla. Utiliza el nombre verdadero de tu esposo o esposa, por ejemplo. El número de personas o grupos que incluyas y la longitud de la declaración de legado es decisión totalmente tuya. La meta es incluir a tantos y escribir tanto como necesites para obtener una sensación clara de cómo te gustaría que te recordara un amplio espectro de personas. Ten en mente que estas son solo posibilidades. Lo importante es que son las personas que representan a los grupos que aún puedes influenciar. Mientras estén vivas y tú estés vivo, puedes tener un impacto positivo.

2. *Describe cómo quieres ser recordado por cada grupo.* Una manera de hacer esto es utilizar este formato de frase: "Quiero que [nombre o categoría de la relación] recuerde...". Por ejemplo, así es como Karen, una mamá que no trabaja fuera de casa, dice que quiere que su esposo la recuerde:

   Quiero que Gary recuerde que él siempre fue mi mejor amigo. Quiero que recuerde lo mucho que confiaba en mí y que yo siempre apoyé, valoré y alenté sus sueños y aspiraciones. Quiero que recuerde nuestro poderoso compañerismo y cómo nuestros talentos individuales complementaban nuestro increíble matrimonio. Quiero que recuerde lo mucho que nos atraíamos físicamente, mentalmente y emocionalmente, y que siempre trabajábamos para satisfacer mutuamente nuestras necesidades.

Así es como Chad, un maestro de historia de preparatoria, dijo que quiere que sus hijos le recuerden:

> *Quiero ser recordado como un padre que estaba profundamente implicado en sus vidas. Quiero que ellos piensen en que yo era capaz de hablar de todo. Quiero que recuerden que yo era intencional a la hora de dirigir a nuestra familia. Quiero que recuerden que les enseñaba mediante experiencias memorables. Quiero ser conocido por la atención enfocada que les di.*

Donna, una ejecutiva de división para una gran empresa manufacturera, dijo que así es como quiere que la recuerden sus colegas de trabajo.

> *Quiero que me recuerden como alguien que les sirvió y buscó desarrollarlos como líderes, haciendo a un lado mis intereses personales para ayudarles a lograr sus metas personales y profesionales. Quiero que afirmen que siempre les dije la verdad, incluso si la verdad era difícil de oír, porque sabían que los amaba y que quería servirles.*

Finalmente, Eric, vendedor en línea, dijo que así es como quiere que sus seguidores en las redes sociales lo recuerden:

> *Quiero que recuerden mi transparencia, autenticidad y generosidad. Quiero que recuerden que yo sobrepasaba sus expectativas y les daba contenido y recursos atractivos y transformadores. Sobre todo, quiero que vean en mí un ejemplo a seguir con una vida digna de emular.*

3. *Haz tus declaraciones de legado tan convincentes como puedas.* Recuerda: si tu Plan de Vida va a ser lo bastante convincente para moldear tu futuro, debe implicar tu mente *y* tu corazón. Ambos son esenciales. Una manera de hacer lo segundo es que tus declaraciones de legado sean todo lo específicas y concretas posible. Por ejemplo, en lugar de decir:

Quiero que Sheila recuerde las veces que estuvimos juntos.

Podrías decir, en cambio, algo como lo siguiente:

> *Quiero que Sheila recuerde las veces en que reímos, y aquellas en que lloramos; las veces en que dialogamos de cosas que eran importantes para ambos, y las veces en que simplemente nos abrazamos y vimos el atardecer.*

Estos ejemplos reflejan el modo en que individuos quieren que otros los recuerden. Todos comienzan con "Quiero que fulano recuerde...", y es un modo estupendo de hacerlo. Pero si te cuesta comenzar, puedes probar con otra táctica. Imagina tu funeral como una escena de una película. Cuando familiares y amigos se ponen de pie para hablar, ¿qué están diciendo? Adelante, estás escribiendo el guion. ¿Qué quieres y esperas que digan? Capta esas ideas, y estarás de camino a hacerlo.

Cuando hayas terminado, deberías tener una colección de declaraciones de legado que ahora puedas integrar a tu elegía. La clave es redactarla como si tu funeral fuera hoy, no en una fecha futura. Este es un ejemplo de Tom. Puedes ver el de él y otros ejemplos de elegías en los ejemplos de Plan de Vida al final del libro:

> Tom era conocido como un hombre de familia cuya misión en la vida era influenciar positivamente las vidas de los niños. Él y su esposa Lisa hicieron de sus hijos, nietos y bisnietos prioridades en sus vidas. Lisa era el amor de su vida, y pasaron muchos días juntos con amor y risas, como pareja y también con su asombrosa familia.
>
> Los tres hijos de Tom lo tenían encantado desde el día en que nacieron. Él entrenó a muchos de sus equipos de básquet y béisbol cuando eran pequeños, enfatizando siempre las mismas lecciones: diviértanse, muévanse deprisa, y muestren buena deportividad. Sus hijos nunca olvidaron esas lecciones y se dieron cuenta de que eran aplicables no

solo a los deportes, sino también a la vida: diviértanse, trabajen duro, y traten a los demás con amabilidad y respeto.

Tras una larga carrera en la industria de las hipotecas, incluidos veinte años como dueño de una próspera empresa de hipotecas, Tom llegó a ser un exitoso entrenador de básquet de la secundaria. Cientos de los jugadores a los que entrenó asistieron a su funeral, principalmente porque él se interesaba por ellos más como personas que como deportistas.

El término *balance en la vida* es uno en el que Tom creía sinceramente. Se esforzaba por inculcar la importancia del balance a todo aquel que conocía, y su vida era un ejemplo para los demás.

Al redactar la elegía como si fuera a decirse hoy, puedes comenzar a pensar en qué será necesario para que esos recuerdos imaginados sean reales.

APROVECHAR AL MÁXIMO EL TIEMPO QUE QUEDA

A Eugene O'Kelly, exdirector general de KPMG, una de las mayores empresas de auditoría del mundo, le diagnosticaron cáncer de cerebro en estado avanzado a la edad de cincuenta y tres años. Sus médicos le dijeron seriamente que le quedaban unos tres meses de vida, y él llegó a la conclusión rápidamente de que era imposible la recuperación. No era probable que se produjera un milagro. Se vio forzado a hacer lo que la mayoría de nosotros apartamos de nuestra mente: pensar en su propia muerte inminente y el impacto que él tuvo sobre otros.

Decidió durante los siguientes noventa días que moriría bien. Al verdadero estilo de un director general, creó metas para sí mismo, e hizo una lista de relaciones importantes que quería "desentrañar". Con eso se refería a que quería poner cierre a esas relaciones y comunicar lo mucho que cada persona significaba para él. Contrariamente a nosotros, él no tenía tiempo para demoras. No podía añadir eso a su lista de "algún día/quizá", porque no le quedaban días. La muerte se cernía sobre él.

Durante esos últimos meses decidió que crearía tantos "momentos perfectos" como pudiera. Su objetivo era orquestar experiencias con otros en las que el tiempo se detiene: un tiempo lleno del presente, cuando el pasado es dejado atrás y el futuro se pone a un lado.[3]

Excluyó de manera consciente las interrupciones y las distracciones, y apagó su teléfono celular. Su corazón estaba totalmente abierto. Lo único que importaba para él era *este momento*: las personas con quienes estaba y la conversación que mantenían *ahora*.

Aunque su vida era breve, él marcó un impacto duradero en quienes le rodeaban al volverse intencional con el tiempo que le quedaba. Ninguno de nosotros sabe cuánto tiempo le queda. ¿Tenemos otros treinta años, o treinta minutos? La declaración de partida de Mike, amigo de Daniel, era certera. Nosotros no lo sabemos, pero podemos marcar una diferencia y comenzar a moldear nuestro legado desde ahora.

5

DETERMINA TUS PRIORIDADES

> Decide lo que quieres, decide qué estás dispuesto a intercambiar por ello. Establece tus prioridades y ponte a trabajar.
>
> —H. L. HUNT

Cuando comenzó la Gran Recesión en agosto de 2007, muchos de nuestros clientes se vieron obligados a recortar gastos radicalmente. Yo (Daniel) estaba sintiendo la presión realmente debido a una rápida pérdida de clientela. Ese fue el comienzo de una experiencia cercana a la muerte para nuestra empresa. Mi socio de negocios (Barry) y yo decidimos alejarnos un día de la confusión y ver si podíamos obtener algo de claridad. Agarramos nuestras cañas de pesca con mosca y nuestros diarios, y nos fuimos al río Deschutes. Barry fue corriente arriba, y yo hacia abajo.

Nos reunimos varias horas después. "¿Qué ideas te vinieron a la mente?", me preguntó Barry. Yo le dije que sentía que estábamos en las primeras etapas de un periodo muy desafiante. Mis días estaban consumidos con actividades enfocadas a mantenernos a flote. En lugar de ser estratégico con mi tiempo y mis prioridades, estaba reaccionando y corriendo de un fuego a otro. Durante mi tiempo de reflexión, me sentí guiado a apartarme del negocio para obtener perspectiva y pensar en maneras de innovar.

Eso iba contra toda intuición para mí, pero sentía que era lo que debía hacer. Además, sabía que mis compañeros de equipo podrían ocuparse del negocio sin mí durante un tiempo (una gran meta para cualquier líder). Cuando iba a salir, le dije a Barry que me llamara solamente si la empresa de algún modo se quedaba sin efectivo, lo cual era una posibilidad real. El borde del precipicio no estaba lejos.

Pasé algunas semanas con mi familia en México y después dos semanas solo con mi esposa para celebrar nuestro vigésimo aniversario. Aunque amaba mi negocio, mi Plan de Vida me recordó lo que era verdaderamente importante. Ese periodo alejado fue un tiempo abundante y saludable para mí y mi familia, y también fue estupendo para mi negocio.

Fue durante ese periodo sabático cuando creé el contenido para un nuevo producto que salvó la pasta de la empresa: la experiencia *Building Champions*. Además de hacer coaching individual- mente, empujó a la empresa al espacio de las conferencias; revirtió nuestras pérdidas; nos permitió servir a los clientes de una manera nueva y renovada en medio de tiempos económicos difíciles; y nos posicionó para ser líder en la industria del *coaching* ejecutivo. En medio de las pruebas económicas que llegaron en 2008, dudo que hubiera sido capaz de dedicar la necesaria atención requerida para crear y lanzar esta nueva oferta inmensa sin el espacio que me proporcionó ese tiempo sabático.

Tendemos a pensar que las personas eficaces están ocupadas. No es así, a menos que estén ocupadas en las cosas correctas; y muchas personas no lo están. Cuando las cosas en nuestro negocio o en la vida se vuelven ocupadas y frenéticas, con frecuencia perdemos de vista nuestras prioridades. Pero al mantener las cosas verdaderamente importantes en un primer plano, a menudo obtenemos la perspectiva que necesitamos para tomar mejores decisiones.

Las personas que viven y lideran con el mayor gozo y contentamiento son aquellas que tienen claridad acerca de sus prioridades. Saben lo que mejor hacen y llenan sus días con más de esas actividades. Si puedes delegarlo, demorarlo o dejarlo, puede que no sea una prioridad para ti. O no debería serlo.

No estamos diciendo que si sabes cuáles son tus prioridades, tu vida será como una utopía. Pero bien podrías situar las posibilidades a tu favor, ¿cierto? Tienes una cantidad limitada de días. Los más sabios entre nosotros entienden que hay solamente cincuenta y dos sábados en un año para estar presentes con sus hijos. ¿Hay otras cosas que hacer en sábado? Desde luego que sí; pero si no determinas cómo decir "no" a lo bueno, no podrás decir "sí" a lo grandioso.

Como dijimos anteriormente, un Plan de Vida es la respuesta a tres poderosas preguntas. Ahora es el momento de responder la pregunta 2: ¿Qué importa más?

¿QUÉ ES MEJOR PARA TI?

Puede que esta sea una pregunta que nunca has considerado. Quizá has permitido que otros decidan lo que debería ser importante, ya sean tus padres, tu cónyuge, o incluso tu jefe. Todos enfrentamos una presión tremenda a este respecto.

Las expectativas externas sobre quiénes somos y lo que deberíamos hacer tienen su manera de apropiarse de nuestro sistema de valores. A muchos les dicen, por ejemplo, que deberían ir a la universidad y quizá incluso hacer un grado avanzado. Pero ¿por qué? ¿Has visto las estadísticas sobre graduados sin empleo? Las noticias regularmente presentan historias sobre el problema. Es prácticamente un género totalmente nuevo de periodismo: el graduado endeudado que puede explicar a *Ulysses* mientras sirve un café con leche. Desde luego, no hay nada de malo en ser camarero, mientras quieras serlo o puedas permitirte pagar tu préstamo universitario del bote de las propinas.

La realidad es que a pesar de la intensa presión social, la universidad no es para todo el mundo. En su libro *Is College Worth It?* (¿Vale la pena ir a la universidad?), el exsecretario de estado de educación, William J. Benett y el liberal graduado en artes David Wilezol, evalúan la vida de la devolución de los préstamos universitarios de varias universidades importantes. Resulta que los estudiantes de último año de secundaria con alto rendimiento en realidad perderían potencial de ingresos si asistieran a ciertas universidades en lugar de ingresar directamente al mercado laboral después de graduarse.[1]

Tienes que hacer lo que sea adecuado para ti. No tiene caso seguir el ritmo a los demás si ellos van a un lugar donde tú no quieres ir. Pero tienes que decidir dónde quieres ir antes de que puedas evitar la deriva cultural. En este capítulo queremos que determines qué es lo más importante para ti. ¿Qué es esencial? ¿Cuáles son tus prioridades?

IDENTIFICA TUS CUENTAS DE VIDA

Comienza pensando en todos los diversos compartimientos que componen tu vida. La mayoría de las personas pueden organizar sus vidas en siete hasta diez áreas distintas, las cuales denominamos Cuentas de Vida. A lo largo de los muchos años de coaching, aquí tenemos las nueve más comunes:

Notemos que el diagrama de Cuentas de Vida está formado por tres círculos concéntricos que emanan del centro: tú.

El Círculo de Ser. El anillo más interior es una colección de actividades enfocadas únicamente en tu relación contigo mismo. Incluye tus Cuentas espiritual, intelectual y física.

El Círculo de Relación. El segundo anillo es una colección de actividades centradas en tu relación con otros: tus Cuentas matrimonial, paternal y social (por ejemplo, amistades, iglesia o sinagoga, club del libro, y otros).

FIGURA 5.2

NUEVE CUENTAS DE VIDA BÁSICAS

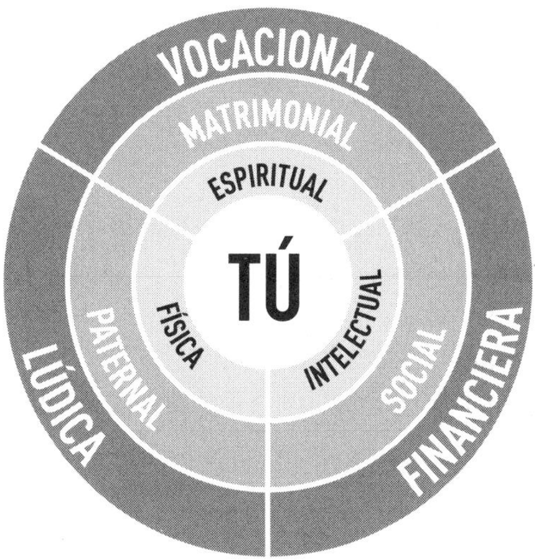

El Círculo de Hacer. El tercer anillo es una colección de actividades que tratan de tu relación con tu actividad: tus Cuentas de vocación (trabajo), tiempo lúdico (pasatiempos) y financiera.

Este diagrama no es un modelo fijo o rígido, sino solo una manera de ayudarte a reconocer que tu vida es más que una sola cuenta. Es más que trabajo. Es más que matrimonio. Es más que dinero. Es una colección interrelacionada de intereses, responsabilidades, sueños y actividades.

Tu tarea en esta sección del Plan de Vida es crear tu propio "Esquema de Cuentas". Querrás escribir una lista de Cuentas de Vida que son importantes para ti.

Sugerimos que comiences con los nueve descritos en el diagrama anterior, pero eres libre para añadir y borrar tal como consideres oportuno. Se trata de tus prioridades, no de las nuestras. Tu Esquema de Cuentas puede tener tantas Cuentas como tú quieras.

Hemos visto Planes de Vida con cinco Cuentas y otros con hasta doce.

Por ejemplo, Jerry tiene nueve:

- Yo
- Matrimonio: Sandra
- Hijos: Micah, Jeffery y Annie
- Padres y hermanos
- Amigos
- Carrera profesional
- Finanzas
- Creación
- Mascotas

Hannah tiene ocho:

- Fe
- Cuidado propio
- Familia: Charles, Julie y Tommy
- Familia extensa
- Finanzas
- Trabajo
- Enseñanza
- Aventura

Mientras piensas en tu propia lista, a continuación hay cuatro consideraciones:

1. *Tus Cuentas de Vida son únicas para ti.* Si actualmente eres soltero, podrías no tener una cuenta matrimonial. Si eres recién casado, podrías no tener una cuenta paternal. Puede que tampoco estés en la etapa de la vida en la que quieres añadir una cuenta lúdica (un área de interés o pasatiempo que persigues fuera de tu ocupación principal).
2. *Puedes dar el nombre que quieras a tus Cuentas de Vida.* Escoge cualquier nombre que sea significativo para ti, aunque vemos que es mejor aplicar nombres específicos a las Cuentas cuando sea aplicable. También puedes escoger una cuenta que tenga un ámbito amplio (por ej, una sola cuenta para toda tu familia) o más estrecho (por ej., cuentas para cada miembro de tu familia, lo cual puede ser muy útil porque cada uno tiene distintas necesidades). De nuevo, todo depende de lo que sea importante para ti y cuán estrechamente quieras enfocarte. Lo único de lo que te advertiríamos en contra es desarrollar una lista de más de diez o doce Cuentas. En nuestra experiencia, las Cuentas individuales pierden su significado cuando son demasiadas.
3. *Tus Cuentas de Vida están interrelacionadas.* Para propósitos de la discusión, te estamos pidiendo que las enumeres por separado, pero este es solo un modelo y no la realidad. En realidad, tú existes como un ser completo con una vida completa. Por ejemplo, si tu salud es mala, podría influenciar negativamente tu matrimonio, tu trabajo, y posiblemente incluso tu vida espiritual. Por mucho que lo intentemos, no podemos aislar la influencia de un área sobre las otras. Aun así, queremos enumerarlas para poder dar la cantidad de atención adecuada a cada una.
4. *Tus Cuentas de Vida cambiarán con el tiempo.* A lo largo de los años hemos actualizado regularmente nuestras Cuentas de

Vida. El modo en que les damos prioridad también cambia. (Tendremos más que decir sobre esto en las dos secciones siguientes). Lo importante es desarrollar una lista que refleje tu vida *ahora*. Recuerda: como dijimos en el capítulo 2, tu Plan de Vida es "un documento vivo que cambiarás y ajustarás tal como sea necesario durante el resto de tu vida".

Cuando tienes tu lista de Cuentas de Vida, es el momento para evaluar cómo te va en cada una.

DETERMINA LA CONDICIÓN DE CADA UNA

No podemos mejorar lo que no evaluamos, de modo que este es un momento para repasar cada cuenta y determinar dónde estás. Tenemos unas herramientas para hacer eso que compartiremos contigo en un momento, pero antes queremos explicar por qué escogimos el término *Cuentas de Vida*.

Todo el mundo entiende cómo funcionan las cuentas bancarias. Son un lugar donde depositar tu dinero, pagar tus facturas, y acumular valor. Además, cada una tiene un balance concreto:

Algunas cuentas tienen un balance creciente. Tienes más de lo que necesitas, y estás gastando menos de lo que ingresas. El balance está aumentando. Si la mayoría de tus cuentas están en esta condición, tu futuro está asegurado.

Algunas cuentas tienen un balance regular. Tienes lo que necesitas, y estás gastando aproximadamente lo que ingresas. El balance se mantiene constante. Si la mayoría de tus cuentas están en esta condición, tu presente puede que esté asegurado pero tu futuro puede estar en peligro.

Algunas cuentas tienen un balance descendente. Tienes menos de lo que necesitas, y estás gastando más de lo que ingresas. El balance puede que esté en descubierto. Si tienes demasiadas cuentas en esta condición, ni tu presente ni tu futuro están asegurados. Te arriesgas a quedar en "bancarrota".

Ahora, vamos a tomar esta metáfora financiera y a aplicarla a tus Cuentas de Vida. Cada una tiene un balance concreto. Algunas están creciendo, otras se mantienen regulares, y otras están descendiendo o están en descubierto. Por ejemplo, te va estupendamente en tu liga de fútbol, pero tu familia te extraña los fines de semana. O quizá estás logrando tus metas en el trabajo, pero tu cuenta de salud está en descubierto: comes demasiada comida basura y no haces ejercicio regularmente. O puede que físicamente estés en muy buena forma, pero tu matrimonio se ha estancado: tu cónyuge y tú se han vuelto dos desconocidos que viven en la misma casa. O quizá has perdido tu empleo, pero tienes un círculo de amistades maravilloso que está a tu lado.

El punto es que tu vida es una colección de cuentas, y cada una requiere la atención adecuada. En esta sección proporcionamos una herramienta para ayudarte a evaluar el estado de cada Cuenta de Vida para que puedas darle la atención que necesita para lograr tus objetivos generales.

El Perfil de Evaluación de Vida™ es una herramienta en línea pensada para ayudarte a determinar si cada una de tus Cuentas de Vida está obteniendo lo que necesita. Este recurso en inglés lo puedes encontrar en LivingForwardBook.com.

Esta evaluación en línea se tarda aproximadamente veinte minutos en completar. Cuando termines, te mandamos por correo electrónico un reporte de tres páginas que te muestra exactamente dónde estás en cada una de tus Cuentas de Vida. Esto servirá como el fundamento para crear tus Planes de Acción en el capítulo 6.

El modelo conceptual para el Perfil de Evaluación de Vida™ tiene el siguiente aspecto:

La meta es tener un balance positivo en cada una de tus Cuentas de Vida. Pero ¿qué significa eso exactamente? En nuestra experiencia, las personas tienen un balance de cuenta positivo cuando experimentan *pasión* y *progreso*. Estos son dos componentes distintos, pero esenciales.

La *pasión* se relaciona con tu entusiasmo por una Cuenta de Vida concreta. ¿Estás enamorado de tu cónyuge? ¿Está creciendo o disminuyendo ese amor? ¿Y tu carrera profesional? ¿Eres apasionado por tu trabajo o estás aburrido de él? ¿Y qué hay de tu salud? ¿Te encanta el ejercicio o lo aborreces? Sea lo que sea, a eso nos referimos cuando hablamos de pasión.

FIGURA 5.2

El *progreso* se relaciona con los resultados que estás obteniendo en una Cuenta de Vida concreta. De nuevo, ¿qué hay de tu cónyuge? Podrías amarlo, pero pelear constantemente. ¿Y tu carrera? Podrías amar tu trabajo pero no ganar lo que crees que mereces o no haber sido ascendido al nivel que quieres. ¿Y cómo va tu salud? Te gusta el ejercicio, pero sigue siendo más pesado de lo que te gustaría.

Para ilustrar cómo se desempeñan pasión y progreso en la vida real, consideremos la situación en que yo (Michael) me encontré tras una carrera muy exitosa en la publicación de libros. Entré en el negocio porque me encantaban los libros. Estaba fascinado por el potencial que tenían para cambiar el mundo, y también me gustaba trabajar con autores, ayudándoles a dar nacimiento a sus ideas.

Pero a medida que fui ascendiendo escalafones, me encontré trabajando cada vez menos con autores y cada vez más en la administración empresarial y la supervisión financiera. Yo era bueno en eso, y era ascendido cada doce a dieciocho meses, llegando finalmente a ser presidente y director general. Pero el hecho de que la empresa publicaba libros, era casi inmaterial para mí en aquel punto. Mi tarea se trataba principalmente de mantener contento al consejo directivo haciendo que aumentaran los beneficios y recortando costos.

Y yo aborrecía eso. Sin ninguna duda, había visto progreso, pero había perdido la pasión.

Vemos estos tipos de ejemplo del mundo real a nuestro alrededor.

- El camarero al que le encanta cantar y tocar la guitarra (*tiene la pasión*), pero no puede conseguir una actuación que le pague lo suficiente para suplir sus necesidades (*no está viendo progreso*).
- La mamá que ama a sus hijos y quiere ser exitosa como madre (*tiene la pasión*), pero cuyos hijos son irrespetuosos y están fuera de control (*no está viendo progreso*).

- El dentista cuya consulta está creciendo regularmente (*está viendo progreso*), pero aborrece la monotonía de trabajar en los dientes de las personas día tras día (*ha perdido su pasión*).
- La pareja que tiene una relación eficiente, un claro entendimiento de sus respectivos roles y responsabilidades (*han visto progreso*), pero que simplemente no disfrutan de la compañía mutua como solían hacerlo (*han perdido su pasión*).

De nuevo, el Perfil de Evaluación de Vida™ mide pasión y progreso en cada una de tus principales Cuentas de Vida. Este no es un instrumento científico, pero es un constructor útil para que evalúes cómo te va en cada una de las áreas que has determinado que son importantes para ti.

Basándote en tus puntuaciones en pasión y progreso, el perfil delineará dónde te encuentras en una matriz o esquema de dos por dos, como mostramos en la figura 5.2. Para cada Cuenta de Vida, estarás en uno de estos cuatro estados:

Deriva. Este es el estado donde no hay ni pasión ni progreso. Es el peor estado posible en el que puedes estar en una de tus Cuentas de Vida. Si caes aquí, probablemente experimentas cierta decepción, enojo, apatía, o quizá desesperación. Para salir de esa espiral negativa, algo debe cambiar. Necesitas reavivar tu pasión y saber cómo obtener resultados positivos. A propósito, la pasión normalmente precede al progreso porque es el impulsor natural del progreso.

Elevación: Este es el estado de tener pasión, pero no experimentar progreso. El hecho de que seas apasionado es bueno, pero no es suficiente. Probablemente estás emocionado, pero si no empiezas a ver resultados, puede convertirse rápidamente en desengaño, o peor aún, cinismo. Necesitas enfocarte en implementar una nueva estrategia, adquirir nuevas habilidades, o hacer algo que prenda el progreso que quieres.

Cambio. Este es el estado de experimentar progreso sin pasión. Estás avanzando, pero en realidad no te importa, pues no estás disfrutando de esta área de tu vida. Quizá estés sintiendo apatía, temor o una sensación de trabajo pesado. Tu corazón no está en ello. Necesitas enfocarte en reavivar tu pasión, fascinarte con algo que antes no habías notado, o de algún modo conectar con la importancia de esta área.

Regalo. Este es el estado de experimentar pasión y progreso. Es el mejor estado posible en el que puedes estar en una de tus Cuentas de Vida. Si estás en este estado, probablemente te sientes satisfecho y agradecido. Tu esperanza nunca termina. Necesitas pensar en cómo llegaste aquí, para poder seguir haciéndolo e incluso llevarlo a un nuevo nivel.

El propósito de completar el Perfil de Evaluación de Vida™ es darte los puntos de referencia que necesitas para pasar desde donde estás hasta donde quieres estar en cada área de tu vida. Utilizaremos esta información cuando lleguemos al capítulo 6: "Traza el Rumbo".

Pero aún nos queda un paso más que dar al responder la pregunta: "¿Qué es lo que más te importa?".

PRIORIZA TUS CUENTAS DE VIDA

David trabajaba para una firma global que quería que él se reubicara en Hong Kong. Era un importante paso hacia arriba, un inmenso ascenso, pero conllevaba costos. Él tendría que dejar a su familia durante dos años. Claro que podría regresar a su casa cada varias semanas, y todas las millas que acumularía significaban que sería fácil para su familia visitarlo, pero eso no podía borrar el hecho de que veintiséis noches al mes, papá estaría en otro continente. Si él estaba lejos tanto tiempo, no es necesario ser un genio para determinar que a sus hijos no les importaría si él estaba cerca o no a medida que iban creciendo.

Al mismo tiempo que se le presentó esa oferta, llegó también otra. Era menos glamurosa, pero buena, y él no tendría que mudarse. Pero debido a que no tenía claras sus prioridades, a Dave le costó mucho decidir qué puesto aceptar.

Cuando te encuentras frente a una decisión como esa en tu vida, ¿cuál es la mejor respuesta? Comienza avanzando la película de tu vida. ¿Qué sucede si pones el estilo de vida de la alta sociedad por delante de las necesidades de tu familia? Dave vio el final de esa película y aceptó el empleo local.

Yo (Daniel) tuve que hacer lo mismo. En lo más alto de mi carrera en el negocio de las hipotecas recibí un gran ascenso. Con él llegaron muchos viajes, y yo estaba dentro de aviones de dos a tres días cada semana haciendo *coaching* y desarrollando a todos los líderes de nuestras sucursales por todo el oeste de los Estados Unidos. Me estaban preparando para la gerencia de primer nivel, y acababa de cumplir los treinta años de edad. Desde la perspectiva de la profesión y los ingresos, mi futuro se veía mejor de lo que nunca pude haber imaginado.

Entonces entendí que estaba persiguiendo las cosas equivocadas. Tenía una esposa preciosa y tres hijos pequeños, y ellos me necesitaban mucho más que mi empresa. Yo tenía claras mis prioridades, pero el tiempo que estaba invirtiendo en cada una estaba desordenado. Iba de camino hacia una gran riqueza en unas pocas cuentas y a la bancarrota en otras. Mis prioridades estaban desfasadas. Llegar a entender eso me condujo a mi primer periodo sabático, que duró un año y condujo a algunos de los cambios más significativos en mi vida. Uno de ellos fue lanzar la empresa de *coaching* que es responsable del contenido de este libro.

Tener prioridades es esencial, y también lo es tenerlas en el orden correcto. Es momento de tomar tu lista de Cuentas de Vida y organizarla por orden de prioridad, desde lo más importante hasta lo menos importante. Obviamente, todas ellas son importantes, pues de otro modo no estarían en tu lista. Pero no todas ellas tienen la *misma* importancia.

Por ejemplo, tu carrera profesional es importante, pero probablemente no lo es más que tu familia; sin embargo, muchas personas viven como si el trabajo fuera su más alta prioridad. Organizar tus Cuentas de Vida te fuerza a decidir qué prioridades están primero si la situación empuja. Y la situación empujará, eso está garantizado.

Pon un número al lado de cada Cuenta de Vida, indicando su importancia en relación con las otras cuentas. Por ejemplo, la lista de prioridades de Heidi se ve así:

1. Jonah y Grace
2. Ian
3. Mis sobrinos
4. Cuñados y cuñadas
5. Mamá y papá
6. Colegas
7. Amigos
8. Comunidad
9. Familia extensa

La de Greg se ve así:

1. Dios
2. Yo mismo
3. Terri

4. Alex y Michelle
5. Mis padres y hermanos
6. Carrera/ministerio
7. Amigos
8. Finanzas

El orden que elijas es cosa tuya. Ese va a convertirse en el plan para tu vida. Pregunta: "¿Cuál es la Cuenta de Vida más importante en mi lista? ¿Cuál es la que no estaría dispuesto a sacrificar en ningún caso?".

Las únicas Cuentas de Vida que recomendaríamos que pusieras cerca de lo más alto de tu lista son las relacionadas contigo mismo. Para ti, podría ser una única cuenta o tres por separado, tal como sugerimos (espiritual, intelectual y física). Esta es la razón: no puedes ocuparte de otra persona a menos que primero te ocupes de ti mismo.

Si has viajado en avión, sin duda habrás oído al asistente de vuelo decir algo como esto: "En caso de un cambio en la presión de cabina, se abrirán los paneles superiores dejando caer máscaras de oxígeno". Si has viajado más que ocasionalmente, es probable que puedas recitar el resto del mensaje: "Tire hacia abajo de la máscara hacia usted para activar el flujo de oxígeno. Cubra su nariz y su boca con la máscara. Ponga la goma elástica alrededor de su cabeza y continúe respirando con normalidad". Y entonces siempre dicen: "Recuerde tener bien puesta su propia máscara antes de ayudar a otras personas".

¿Por qué? Porque si te quedas sin aire, no puedes ayudar a nadie. Aquí tienes una pequeña perspectiva sobre cómo vemos la vida: debemos atendernos a nosotros mismos primero (solo después de Dios, claro está) para estar disponibles espiritual, emocional, intelectual y físicamente para los demás.

Si tienes problema con la semántica de ponerte a ti mismo en primer lugar, piensa en ello como preparación para servir a otros. Por ejemplo:

- Si no te estás alimentado espiritualmente, no tendrás los recursos para edificar a otros. Por eso nos esforzamos por leer la Biblia y orar diariamente.
- Si no cuidas tu salud y te enfermas, no puedes servir mejor a tu familia o tus compañeros de trabajo. Por eso hacemos ejercicio regularmente y comemos alimentos nutritivos.
- Si no tomas tiempo para leer buenos libros, no tendrás los recursos intelectuales que de otro modo podrías tener para compartirlos con otros. Por eso nos esforzamos para leer al menos un libro o dos por mes y escuchar otros audiblemente cuando hacemos ejercicio o viajamos.
- Si no haces el esfuerzo de solucionar tus heridas emocionales, terminas reaccionando a otros en lugar de estar en posición de ayudarles. Por eso hacemos auditorías emocionales regulares y desarraigamos cualquier semilla de amargura que encontremos creciendo.
- Si no descansas lo suficiente, estás malhumorado y nadie quiere estar cerca de ti. Por eso intentamos dormir más de siete horas cada noche. Además, queremos modelar cómo cuidamos de nosotros mismos para que aquellos a quienes lideramos se ocupen de sí mismos.

Habrá periodos de autosacrificio. Tristemente, algunas personas se sitúan en lo más bajo de su lista de prioridades en cada periodo. Eso es una mala idea, porque estás en mucho mejor posición para servir a otros cuando tus necesidades básicas están satisfechas y tu "tanque está lleno".

MUCHAS PARTES MÓVILES

Este capítulo puede conducirte a pensar que tu vida tiene muchas partes móviles. ¡Eso es porque las tiene! Muchas veces nos engañamos a nosotros mismos para dar atención a una Cuenta de Vida a expensas de las demás. Cuando eso sucede, es solo cuestión de tiempo antes de que las otras cuentas se queden en números rojos. Cuando eso ocurre en muchas a la vez, caes en bancarrota, hablando figuradamente.

Una lista organizada por orden de prioridad asegurará que eso no te suceda. No significa que el balance en una de tus cuentas no disminuirá o estará en números rojos de vez en cuando, pero si las otras tienen balances positivos, puedes manejarlo. Y tú defines cómo es el éxito de la cuenta. En el siguiente capítulo aprenderemos a crear Planes de Acción que aseguran que los balances de nuestras cuentas sean positivos y crecientes.

6

TRAZA EL RUMBO

"¿Quieres decirme, por favor, qué camino
debiera tomar desde aquí?".
"Eso depende mucho de dónde quieras ir", dijo el
Gato. "No me importa mucho dónde...", dijo Alicia
"Entonces no importa por qué camino vayas", dijo el Gato.

—**LEWIS CARROLL,** ***ALICIA EN EL PAÍS DE LAS MARAVILLAS***

Durante los últimos dieciséis años, yo (Daniel) he participado en *Hood to Coast,* la carrera de relevos más grande en Norteamérica. Más de mil equipos corren sin detenerse casi doscientas millas (320 kilómetros) desde Timberline Lodge, que está a unos 1800 metros en el majestuoso Monte Hood de Oregón, recorriendo varias ciudades pequeñas, terrenos de cultivo, laderas, Portland, y después por la cordillera montañosa costera. La línea de meta es el Pacífico, concretamente Seaside Beach, donde unas cincuenta mil personas se reúnen para celebrar el logro.

Cientos de voluntarios cubren el curso de la carrera, y puedes bajarte una aplicación para mantenerte en rumbo. Pero cuando comencé a correr por primera vez a finales de los años noventa, los voluntarios eran pocos y las aplicaciones no existían. Les daban un mapa a los corredores con distancias y principales marcadores de calles. Y prácticamente eso era todo.

Una vez, tras mirar el mapa a las 3:30 de la mañana, emprendí camino para la segunda de mis tres rondas. Tenía una idea bastante buena de hacia dónde debía ir. Se veía muy bien la luna, yo tenía un buen ritmo, y me sentía estupendamente. De repente, tres corredores se acercaron desde detrás y sobrepasaron nuestra ronda. Yo grité: "¡Oigan, han pasado nuestra ronda!". Ellos redujeron el paso, y reconocí a uno de ellos del equipo de atletismo de la Universidad Estatal de Oregón de unos años atrás. Me dijeron que ellos estaban en el rumbo correcto y me convencieron para que me pusiera a su altura y corriera con ellos.

Ya sabrás cómo continúa la historia desde ahí.

Unos quince minutos y dos millas después, ellos comenzaron a tener dudas. Redujimos el paso y finalmente nos detuvimos para decidir nuestra dirección. Dentro de mí surgió el pánico y la frustración, en especial porque sabía que había decepcionado a mi equipo. Podía verlos en el cambio, preocupados de que no llegáramos a tiempo, al ir más de treinta minutos tarde en un cambio que por lo general significa que ha sucedido algo malo.

Tener claridad con respecto a dónde quieres ir es uno de los componentes más fundamentales de tu Plan de Vida. Conocer el rumbo es crítico para terminar la carrera bien y a tiempo. Si no tenemos totalmente claro hacia dónde nos dirigimos, puede que permitamos que otras personas con buenas intenciones u oportunidades emocionantes nos influencien y entonces tomemos decisiones que más adelante lamentamos.

Uno de los ejercicios principales por los que guiamos a nuestros clientes es redactar una visión para su negocio que sea a la vez clara y convincente. Cuando tenemos claridad sobre nuestro destino y estamos arraigados en nuestra realidad presente, estamos equipados para tomar las mejores decisiones posibles. Creemos que lo mismo es cierto también para nuestras vidas.

Como dijimos en el capítulo 2, "Entender la Misión", un Plan de Vida es la respuesta a tres poderosas preguntas. Hemos respondido las dos primeras, de modo que ahora es el momento de responder la pregunta 3: ¿Cómo puedo llegar desde aquí hasta dónde quiero estar? Dicho de otra manera, ¿cómo trazo adecuadamente el rumbo que tomaré? Sugerimos dividir cada Cuenta de Vida en cinco secciones.

SECCIÓN 1: DECLARACIÓN DE PROPÓSITO

En esta sección declaras cuál es tu propósito para cada Cuenta de Vida. ¿Cómo determinas tu propósito? Piensa en ello de esta manera. Imagina que te *asignaran* esta cuenta. ¿Cuál sería tu principal responsabilidad? ¿Cuál es tu papel? Ese es tu propósito.

Jon, por ejemplo, escribió lo siguiente en su cuenta de salud:

Mi propósito es mantener y cuidar el templo que Dios me ha dado.

June escribió esto en su cuenta de cónyuge:

Mi propósito es ser el amor de la vida de Andy, su principal animadora, y su alma gemela.

Stuart escribió lo siguiente en su cuenta de amigos:

Mi propósito es ser amigo y amar bien a algunas personas, quienes a su vez me amarán, me desafiarán y me harán rendir cuentas.

SECCIÓN 2: FUTURO IMAGINADO

Es aquí donde describes cómo se ve la cuenta cuando tienes un "valor neto positivo". En una cuenta financiera es fácil verlo. Si la cifra es positiva, eso es bueno; si es negativa, o está en rojo, eso es malo.

Con las Cuentas de Vida tienes que hacer un poco más de trabajo. Querrás describir la cuenta cuando está funcionando al máximo, como si ya fuera una realidad. Esto es crucial. Para ayudarte a captar tu futuro imaginado, sugerimos que des los siguientes pasos:

Mantenerte en el futuro. Las personas son bastante talentosas para estar en alguna parte, en cualquier parte (del pasado, especialmente), además de donde están. Repetimos el pasado y nos obsesionamos por el futuro. Esto con frecuencia parece una maldición. Batallamos para vivir en el presente, pero pongamos esta tendencia a viajar en el tiempo para nuestro beneficio. Proyéctate hacía un tiempo futuro, quizá tres años, diez años, cualquier momento que escojas. Lo importante es imaginarte a ti mismo conscientemente en ese punto en el futuro. ¿Estás allí ahora? Bien. Ahora mantente allí mientras trabajas en este proceso.

Hacer que tu imaginación trabaje a tu favor. La mayoría de nosotros utilizamos nuestra capacidad de imaginar el futuro de la manera equivocada. Regularmente imaginamos un futuro sombrío lleno de preocupación. En cambio, visualiza conscientemente posibilidades positivas. Si puedes imaginar un futuro, puedes imaginar que sea mejor.

Emplear los cinco sentidos. A medida que comienzas a imaginar el futuro, mientras más concreto puedas ser, mejor. Necesitas verlo, oírlo, olerlo, gustarlo y sentirlo. Mientras más puedas hacer eso, más convincente será. Comienza describiendo lo que ves. Algunas organizaciones hacen esto creando breves películas para emocionar a empleados, consumidores e inversores acerca de cómo se verá el futuro cuando las personas utilicen sus productos. Corning produjo una serie titulada "Un día hecho de cristal" (LivingForwardBook.com/corning). Y Microsoft creó una serie propia titulada "Visión futura de productividad" (LivingForwardBook.com/microsoft). Quizá no puedas convertir tu declaración de visión en un video, pero querrás tener una claridad tan vívida en tus imágenes sensoriales que podrías hacerlo si tuvieras los recursos necesarios.

Registrar lo que ves. Escribir nuestros pensamientos nos fuerza a tener claridad sobre ellos. No te engañaremos: es un trabajo difícil. Podría ser la parte más difícil de crear un Plan de Vida, pero es vital para el proceso. No tienes que hacer que sea perfecto, pero sí tienes que anotarlo. Cuando lo hagas, puedes cambiarlo y revisarlo a lo largo del tiempo, pero todo comienza cuando empiezas a escribir.

Usar el tiempo presente. Para lograr que tu futuro recientemente imaginado sea todo lo real y convincente posible, descríbelo en *tiempo presente* como si estuvieras en medio de él.

Por ejemplo, en lugar de decir:

> *Quiero ser esbelto y fuerte, tener una salud vibrante y estar en extraordinaria forma.*

Di:

> Soy *esbelto y fuerte, tengo una salud vibrante y una extraordinaria forma.*

¿Ves la diferencia? O en lugar de decir:

> *Llegaré a estar libre de deudas. Quiero tener un fondo de emergencias de seis meses. Quiero lograr independencia económica, para así poder sostener indefinidamente mi estilo de vida actual, incluso sin tener ingresos adicionales. Espero tener todo el dinero que necesite para cumplir con mis obligaciones y lograr mis metas.*

Puedes decir:

> *Estoy totalmente libre de deudas. Tengo un fondo de emergencias de seis meses. Como tengo independencia económica, podría sostener indefinidamente mi estilo de vida actual, incluso sin tener ingresos adicionales. Tengo todo el dinero que necesite para cumplir con mis obligaciones y lograr mis metas.*

La diferencia entre cada conjunto de declaraciones es sutil, pero fundamental para lo que estamos haciendo. Fantasear sobre el futuro no hace mucho bien por sí solo, pero cuando se nos presenta una imagen clara y convincente, nuestra mente se pone a trabajar intentando convertirla en realidad. Intentamos conscientemente cerrar la distancia entre donde estamos y donde nos vemos a nosotros mismos, formulando activamente planes y acciones siguientes. Lo realmente importante es que creamos que podemos lograr nuestra meta. Si creemos que podemos hacerlo, incluso nuestro subconsciente se pone a trabajar, resolviendo problemas y dirigiendo nuestro enfoque. Mientras más fe y confianza sintamos hacia alcanzar nuestra meta, mayor será la probabilidad de que hagamos los cambios requeridos para lograr nuestros objetivos.[1]

Después de seguir estos cinco pasos, yo (Michael) escribí lo siguiente para mi cuenta de salud:

> *Soy esbelto y fuerte, poseo una salud vibrante y una forma extraordinaria. Mi corazón es fuerte y sano. Mis arterias son flexibles y están libres de obstrucciones. Mi sistema inmunitario está en un estado excelente; soy resistente a la enfermedad, a las infecciones y a las alergias. Tengo energía más que suficiente para realizar las tareas que emprendo. Eso se debe a que controlo mi enfoque mental, trabajo seis días por semana, escojo alimentos saludables, tomo los suplementos necesarios, y descanso adecuadamente.*

Yo (Daniel) escribí lo siguiente para mi cuenta de salud:

A los 65 años de edad estoy en forma, capaz de correr la Hood to Coast, hacer surf, y jugar con mis nietos. Tengo una energía máxima y mantengo esto hasta que me vaya de aquí.

SECCIÓN 3: CITA INSPIRADORA

Busca una cita que se identifique con el núcleo de tu propósito futuro. Podría ser cualquier cosa que te resulte personalmente inspiradora. Esto es opcional, pero a algunas personas les resulta muy útil. Podría ser un versículo, un proverbio, un dicho famoso, cualquier idea que te resulte atractiva.

Susan utiliza esta adaptación de una cita de Lawrence Pearsall Jacks para su cuenta de trabajo:

El maestro en el arte de vivir hace pocas distinciones entre su trabajo y su juego, su labor y su ocio, su mente y su cuerpo, su información y su recreación, su amor y su religión. Apenas puede distinguir cuál es cuál. Simplemente persigue su visión de excelencia en todo lo que hace, dejando que otros decidan si está trabajando o jugando. Para él, siempre está haciendo ambas cosas.[2]

John utiliza esta frase de Joyce Meyer para su cuenta de salud:

Creo que el mayor regalo que puedes hacer a tu familia y al mundo es que seas una persona con salud.

Yo (Daniel) utilizo una frase del libro de Proverbios para mi cuenta de automejora:

Da oído a la sabiduría, inclina tu corazón al entendimiento.[3]

No hay manera correcta o incorrecta de hacer esto. Lo importante es encontrar algo que te inspire a ti.

SECCIÓN 4: REALIDAD ACTUAL

Ahora es el momento de ser sincero contigo mismo. ¿Dónde estás en relación con tu futuro imaginado? No controles el golpe. Mientras más sincero puedas ser, más progreso verás. Pero no te desalientes. El propósito de un Plan de Vida es avanzar más allá de tus circunstancias presentes.

Recomendamos que lo hagas sencillo y nombres esas cosas como una serie de puntos. Intenta anotar las primeras cosas que vengan a tu mente sin analizarlo demasiado. Por ejemplo, lo siguiente es lo que yo (Michael) escribí hace algún tiempo en mi cuenta de salud:

- Me siento estupendamente. Mi energía es grande. Ha pasado mucho tiempo desde la última vez que me enfermé.
- Me siento bien con respecto a mi peso y mi forma en general.
- Corro (o entreno en campo) cuatro días por semana al menos durante 60 minutos.
- Actualmente no estoy haciendo entrenamiento de fuerza regularmente. Me preocupa que al final eso me pase factura (sé que la fuerza es particularmente importante a medida que envejezco).
- Estoy comiendo bastante bien, pero podría ser más coherente a la hora de evitar los carbohidratos de alto glicémico.

Hablaríamos más sobre esto, pero francamente es demasiado personal. Haz que tu lista sea también muy íntima, ya que no es para el consumo público. Querrás que sea tan real y sincera que solamente la compartirías con una o dos personas que hayas posicionado en tu vida para rendir cuentas, quizá incluido un *coach*.

SECCIÓN 5: COMPROMISOS ESPECÍFICOS

Es aquí donde te comprometes a acciones concretas para pasar desde tu realidad presente hasta tu futuro imaginado. De nuevo, recomendamos que lo hagas como una serie de puntos.

Aunque estas no son metas *per se*, funcionan como tales y deberían ser SMART, un acrónimo en inglés que se usa mucho y es interpretado de maneras diferentes por distintos maestros. Sugerimos que los compromisos específicos cumplan con estos cinco criterios:

- Específicos (*Specific*): tus metas deben identificar exactamente aquello a lo que estás comprometido siendo tan concretas como puedan serlo. Hablamos de disciplinas no negociables que puedas programar, que sean tan claras que puedas sacarlas de tu plan y dejarlas caer en medio de tu calendario.
- Medibles (*Measurable*): como dice la frase, "no puedes manejar lo que no puedes medir". Si es posible, cuantifica el resultado. Querrás saber absolutamente y positivamente si cumpliste o no tu compromiso.
- Factibles (*Actionable*): haz que cada compromiso comience con un verbo de acción (por ejemplo, dejar, correr, terminar, eliminar, etc.) en lugar de un verbo que no denote acción (por ejemplo, soy, estoy, tengo, etc.).
- Realistas (*Realistic*): aquí debes tener cuidado. Un buen compromiso debería estirarte, pero necesitas una dosis de sentido común.
- Limitados en el Tiempo (*Time-bound*): todo compromiso necesita un periodo de tiempo asociado con él. Contrariamente a una meta, no necesita necesariamente una fecha límite, pero deberías observar la frecuencia, si no es de modo explícito, entonces de modo implícito.

Yo (Michael) hice los siguientes compromisos específicos en mi cuenta de salud:

- Correr (o hacerlo en campo) cuatro días por semana.
- Hacer entrenamiento de fuerza tres días por semana.
- Beber cuatro litros de agua por día.
- Tomar decisiones saludables en cuanto a la comida, tal como se recomienda en *The South Beach Diet*.
- Anotar diariamente todo lo que como en MyFitnessPal (una aplicación de software que anota tu ingesta de calorías y las que quemas en tus ejercicios).
- Hacer una revisión física anual y una revisión dental semestral.
- Yo (Daniel) escribí lo siguiente en mi cuenta para Sheri:
- Orar con Sheri diariamente antes de irnos a dormir.
- Pasar los últimos 30 minutos de cada noche comunicándome con ella. Utilizar este tiempo para alentarla, honrarla, respetarla, apoyarla, aceptarla y amarla estableciendo contacto visual y tiempo para escuchar sin interrupciones.
- Salir con Sheri en una cita cada semana. Una cita puede ser para desayunar, almorzar o cenar durante la semana o una noche fuera, pero solamente los dos. Una cita la tarde del lunes y otra cita una noche por semana.
- Llevar a Sheri a una escapada de un par de días mensualmente.
- Invitarla a ir conmigo en mis días de reposo a la costa y organizar que alguien se ocupe de los niños para que ella pueda acompañarme.
- Ayudarle a coordinar su escapada con Allie, Sheryl y Talia.
- Planear una experiencia especial de aniversario antes del 1 de junio.
- Perseguir su corazón mediante el romance y la intimidad diariamente.

Para comprobar cómo se ve un Plan de Acción completo, aquí tenemos un par de ejemplos. Recuerda que son direccionales y no dogmáticos. Los incluimos para que puedas tener una mejor idea para estructurar tu propio plan.

Este es uno para la cuenta de descanso de Mónica:

PLAN DE ACCIÓN

NOMBRE DE LA CUENTA: DESCANSO

DECLARACIÓN DE PROPÓSITO:

Mi propósito es mantenerme conectada con mi corazón y con mi familia al no permitir que mi profesión demandante deje fuera las cosas que más importan.

FUTURO IMAGINADO:

Tomo el tiempo que necesito para descansar y recargar en las noches, fines de semana y vacaciones para asegurarme de poder estar al máximo para quienes me necesitan más. Me siento en control de mi horario y restaurada cada día por mi tiempo personal y familiar en las noches. Ron y yo tomamos un largo fin de semana sin los niños una vez cada tres meses, y llevamos a los niños a una escapada en las vacaciones de primavera y otoño.

CITA INSPIRADORA:

"Cada uno de nosotros necesita retirarse de las preocupaciones que no se retirarán de nosotros". —Maya Angelou

Realidad actual:

- Trabajo demasiado en las noches. Hago tiempo para los niños, pero paso más tiempo con mi correo electrónico que con Ron.
- Duermo solamente de cinco a seis horas cada noche.
- Soy más exitosa sin trabajar el sábado y el domingo.
- Me llevo el almuerzo al parque, lo cual me da la oportunidad de pausar y recargar.
- Ron y yo solo hicimos dos de nuestras escapadas trimestrales el año pasado.

COMPROMISOS ESPECÍFICOS:

- Limitar el correo electrónico en la noche a quince minutos.
- Impulsar mis horas de sueño hasta siete horas, ¡y mantenerme!
- Seguir llevando el almuerzo del parque, si el tiempo lo permite.
- Planificar una cita en la noche cada dos semanas con Ron al menos tres meses.
- Organizar escapadas trimestrales con Ron al menos con un año de antelación. Hacerlo antes del 15 de octubre.
- Apartar de 1:00 a 3:00 de la tarde cada sábado para una siesta.

A continuación tenemos un Plan de Acción para la cuenta de finanzas de Mark:

PLAN DE ACCIÓN

NOMBRE DE LA CUENTA: FINANZAS

DECLARACIÓN DE PROPÓSITO:

Mi propósito es ser un buen administrador de los recursos financieros que tengo a mi disposición.

FUTURO IMAGINADO:

Gretchen y yo nunca nos preocupamos por dinero. Seguimos un presupuesto, con "dinero libre" para diversión. Estamos libres de deudas y somos independientes económicamente con todos los recursos necesarios para cumplir con nuestras obligaciones inmediatas y lograr nuestras metas a largo plazo. Tenemos ahorros por valor de seis meses en un fondo de emergencias en caso de que uno de nosotros pierda el empleo. Al tener suficiente para nosotros mismos, hacemos donaciones generosamente a nuestras organizaciones sin fines de lucro favoritas.

CITA INSPIRADORA:

"Debes obtener el control sobre tu dinero, o la falta de él te controlará para siempre". —Dave Ramsey

REALIDAD ACTUAL:

- El presupuesto está establecido y lo estamos siguiendo.
- Donamos el 10 por ciento de nuestros ingresos cada mes.
- Nuestros gastos mensuales se tragan ahora cada moneda, a excepción de nuestros donativos y nuestra contribución 401(k).
- Hemos ahorrado por valor de dos meses para emergencias.
- Necesitamos comprar un auto nuevo a principios del próximo año, y solamente hemos ahorrado hasta ahora 6800 dólares.

COMPROMISOS ESPECÍFICOS:

- Engordar el fondo de emergencias por el valor de los gastos de otro mes a final de año.
- Recortar al menos 200 dólares de gastos mensuales y meterlo en el fondo de emergencias, comenzando el mes próximo.
- Seguir ahorrando 250 dólares mensualmente para la compra del auto.
- Seguir viéndome con Gretchen las noches del domingo de 8:00 a 9:00 de la noche, para repasar el presupuesto y los gastos.

Crea un Plan de Acción como esos para *cada* una de tus Cuentas de Vida.

CAMBIO INCREMENTAL

Mientras nuestro amigo, autor y coach ejecutivo, el Dr. Henry Cloud, estaba batallando con su disertación doctoral, alguien le regaló un terrario de hormigas. Fue un regalo curioso, pero Cloud lo construyó. No pasó mucho tiempo hasta que sus hormigas estaban acumulando granos de arena aquí y allá en el terrario de cristal.

Por qué hacían eso, no estaba claro exactamente, pero se aclaró cuando Cloud regresó después de estar unos días fuera. De repente pudo ver los túneles y las estructuras que tomaban forma. "No pasó mucho tiempo", dice Cloud, "y toda una ciudad de hormigas había sido construida". Cada hormiga, al mover su grano de arena cada vez, construyó algo verdaderamente impresionante.[4]

Fue la inspiración (y la instrucción) que Cloud necesitaba para terminar su disertación, y es una lección que también nosotros podemos utilizar. Cuando estés escribiendo tus Planes de Acción, es fácil subestimar el poder del cambio incremental. Algunas personas piensan que deben emprender una acción masiva para lograr algo significativo.

A veces son necesarios grandes pasos. Sin duda, los hemos utilizado para lograr ciertos resultados. Pero si hacemos que la tarea sea demasiado abrumadora, podemos desmotivarnos y tirar la toalla antes de siquiera de comenzar. ¡No cometas ese error! Quizá tu desafío es terminar una disertación, como Cloud. Quizá, en cambio, tienes una meta significativa de pérdida de peso, un objetivo de ahorro importante, una necesidad de mejorar tu puntuación en el golf, o un idioma extranjero que aprender. Cualquiera que sea la meta, pequeñas inversiones diarias pueden producir grandes resultados. Tan solo mueve el grano de arena un poco cada día.

A continuación tenemos varios ejemplos para que fluya tu creatividad:

Perder peso. Hace unos años, yo (Michael) perdí once libras (5 kilos) en seis semanas. Un amigo perdió más de ochenta libras (36 kilos) en un año. Ambos lo hicimos utilizando *LoseIt,* una aplicación gratuita para iPhone. No hicimos mucho además de anotar lo que comíamos cada día. Al ser conscientes de lo que estábamos comiendo, tomábamos decisiones más sanas. El poder acumulativo de aquellas pequeñas decisiones diarias sumó, o más bien restó... ¡mucho!

Salud. Yo (Daniel) tengo un buen amigo que es uno de los mejores triatletas nacionalmente en su grupo de edad de 50 años en adelante. Pero no siempre estuvo en tan buena forma. Siete años atrás nunca había corrido una maratón. Yo le ayudé con la primera, y siguieron más carreras. Al ajustar su horario cada día para incluir tiempo para correr, nadar o montar, finalmente estuvo preparado para la agotadora *Ironman* de Hawái. Hacer ajustes incrementales a su rutina lo transformaron a él, su salud, e incluso su matrimonio; su esposa ahora compite con él.

Mejorar la rentabilidad. En una división de la editorial que yo (Michael) dirigía antes, decidimos mejorar nuestros márgenes en un 2 por ciento en doce meses. Los dividimos en medio punto porcentual por trimestre. Dividirlo en pedazos más pequeños nos permitió implementar medidas muy prácticas. Con aumentos en el precio final y control de gastos, nuestro equipo movió más de un millón de dólares al balance ese año.

Cancelación de deudas. Una de nuestras amigas quería cancelar todas sus deudas personales. No hizo nada radical; simplemente estableció un presupuesto, aprovechó oportunidades de tener ingresos extra, y recortó los gastos en café y otras cosas no esenciales. Utilizando el proceso de Dave Ramsey "bola de nieve de deuda", pagó primero sus deudas más pequeñas, y después otras más grandes. En total, liquidó 15 000 dólares en menos de doce meses.

Matrimonio. Hace una década aproximadamente, Sheri y yo (Daniel) tuvimos nuestro cuarto hijo. Llevábamos casados quince años, y nuestro hijo mayor ya era adolescente. Decir que nuestras vidas estaban llenas durante ese periodo sería

> quedarnos cortos. Desgraciadamente, no estábamos tan conectados como lo habíamos estado en años anteriores, de modo que decidimos comenzar a tener citas los lunes para almorzar, con tiempo para ponernos al día, conectar, charlar sobre nuestra semana, nuestros horarios, los niños, y otras cosas. Al ocuparnos de manejar las cosas de la vida en el almuerzo, estábamos libres para disfrutar de citas nocturnas mucho más ricas. Nueve años después, doy el mérito de la salud actual de mi matrimonio a la disciplina de aquellas citas regulares para almorzar semanalmente.

Estamos convencidos de que puedes hacer casi cualquier cosa si estás dispuesto a esclarecer tus compromisos y hacer inversiones incrementales a lo largo del tiempo para lograrlos. Pequeñas decisiones diarias y correcciones de rumbo son la historia de nuestras vidas, y por eso importan. Los Planes de Acción te ayudan a aprovechar intencionalmente el poder del cambio incremental.

7

DEDICA UN DÍA

Como aguas profundas es el consejo en el corazón del hombre, y el hombre de entendimiento lo sacará.[1]

—SALOMÓN

Imagina que estamos de pie al borde de un lago cerca de un SUV. El maletero está abierto y detrás del vehículo hay un gran cofre abierto. Vamos, echa un vistazo. Puedes ver que está lleno hasta el borde de billetes de 100 dólares. Para ahorrarte la molestia de contar, te lo diré: hay 3 millones de dólares.

Tanto dinero en efectivo pesa, desde luego, en especial cuando sumas el peso del cofre hermético. Ahora que hemos asegurado la tapa, necesitaremos tu ayuda para meterlo en la barca.

Después de darte las gracias por tu ayuda, te dejamos al borde del lago y nosotros remamos hasta el centro del lago. Está un poco lejos, pero puedes verlo todo perfectamente. Agarramos el cofre por los dos lados, lo ladeamos encima de la barca y, casi no puedes creerlo, ¡lo lanzamos a las turbias aguas! Unos minutos después estamos de regreso. Dejamos la barca a tu cuidado, nos damos un apretón de manos, nos subimos al SUV y nos alejamos conduciendo.

Ahora, ¿qué vas a hacer tú?

Esta es una buena suposición: sacarás tu teléfono celular e intentarás encontrar la tienda de buceo más cercana mientras mantienes la mirada exactamente en el punto donde nos viste lanzar el dinero. No importa lo que ya tengas planeado. Todas las citas son canceladas, las reuniones pospuestas, las llamadas olvidadas. ¿Reportes de gastos? ¿Quehaceres? ¿Tu bandeja de entrada? Todo queda olvidado. Tu calendario acaba de cambiar. Si conoces la ubicación de 3 millones de dólares, dejarás todo lo demás para ir a buscarlos.

Si apartas tu mirada del punto, si te vas y regresas, si eres distraído por cualquier otra cosa cercana, puede que lo pierdas. Puedes perder tu oportunidad. Lo mismo sucede con la Planificación de Vida. En este punto del libro hemos hablado de todo lo que necesitas saber para crear tu Plan de Vida. Pero cuanto más te demores en agarrar el tesoro, más probable será que lo pierdas. El momento para actuar es ahora.

Si has oído la "ley de la intención disminuida" del afamado líder de negocios y de pensamiento Jim Rohn, sabes por qué esto es importante. La ley de la intención disminuida dice que mientras más te demores en hacer algo, menos probabilidad tienes de hacerlo. Pierdes toda la energía emocional, y por eso te alentamos a apartar un día dentro de las dos próximas semanas para crear tu Plan de Vida.

Esto no es algo que puedas hacer en pedazos. En este capítulo explicamos por qué es vital que pongas en espera todo lo demás en tu vida y apartes un día completo. También hablamos del enfoque y la preparación para este día importante, pero lo principal a recordar es que es el día que puede cambiarlo todo para ti.

POR QUÉ ES IMPORTANTE UN DÍA COMPLETO

El rumbo de la historia ha cambiado con frecuencia en un solo día. El 4 de julio de 1776, cincuenta y seis delegados del Congreso

Continental aprobaron la Declaración de Independencia de EE. UU. y cambiaron la historia del mundo. El 6 de junio de 1944, las fuerzas Aliadas invadieron Normandía y comenzaron el empuje militar que liberó Europa. El 28 de agosto de 1963, bajo el liderazgo visionario de Martin Luther King Jr., más de 250 000 estadounidenses marcharon en Washington, D. C., allanando el camino para la Ley de Derechos Civiles de 1964.

Un día puede cambiarlo todo. Es cierto para naciones y para individuos. Piensa en tu propia graduación, boda o ascenso; o quizá en cosas menos agradables: un diagnóstico de cáncer, el final de un matrimonio, o la muerte de un ser querido. Para mejor o para peor, algunos días tienen mayor impacto sobre el futuro que otros.

Eso es particularmente cierto para el día en que creas tu primer Plan de Vida. Bien hecho, este evento único afectará no solo a tu vida, sino posiblemente también a las vidas de generaciones siguientes. Desatarás un conjunto de decisiones y acciones que tendrán un mayor impacto del que podrías posiblemente imaginar.

A pesar de su importancia, algunas personas retroceden ante la idea de renunciar a un día completo para hacer este ejercicio. Piensan: ¿Quién tiene tiempo para eso? En cambio, quieren crear su Plan de Vida gradualmente, a lo largo de días o semanas. Pero después de guiar a miles de personas en este proceso, podemos decirte que ese enfoque no es eficaz. El mejor curso de acción no es una serie de citas semanales, o incluso dos medios días. Se necesita un *día completo* para hacerlo bien.

Salomón dijo: "Como aguas profundas es el consejo en el corazón del hombre, y el hombre de entendimiento lo sacará". Como ese cofre en el lago, tenemos planes y deseos en lo profundo de nuestro corazón, pero la triste verdad es que la mayoría de las personas no los sacan y viven de la riqueza que pueden permitirse. Se distraen, pierden enfoque, y abandonan. Solamente los sabios encuentran el premio.

Ya hemos mencionado las palabras profundas del poeta hebreo: "Enséñanos a contar de tal modo nuestros días, que traigamos al corazón sabiduría". No tienes un número infinito de días para marcar una diferencia en las vidas de tus seres queridos, familiares y amigos, y en el mundo. El sabio sabe que sus días están contados y actúa en consecuencia.

Como mencionamos anteriormente, un Plan de Vida necesita fuerza de arrastre. Tiene que hacerse de tal modo que impacte tu corazón, no solo tu cabeza; de otro modo, terminarás con una lista de quehaceres glorificada. ¿Y quién necesita más de esas cosas? La fuerza de arrastre requiere que quedes atrapado en todo el plan. No puedes hacerlo poco a poco. Si redactas tu elegía entre las dos y las tres de la tarde del viernes, pero después no trabajas en tus Cuentas de Vida hasta el jueves siguiente, habrás perdido el poder emocional del ejercicio previo.

No, algo de esta importancia merece una experiencia de sumersión. La vida está llena de distracciones. La Planificación de Vida requiere desconectar de las otras cosas que demandan tu atención. Pensar sobre tu vida, toda tu vida, es distinto a resolver el siguiente problema que está en tu lista diaria de tareas. Hay cierta cantidad de tiempo de preparación y disponibilidad; requiere una atención enfocada. Necesitas un día completo para entrar en el ritmo y meditar realmente sobre dónde has estado y hacia dónde vas.

Este no es solamente un ejercicio intelectual. Si intentas terminarlo en unas cuantas horas en lugar de darle el tiempo que requiere, estarás provocando un cortocircuito al proceso creativo. La Planificación de Vida se trata fundamentalmente de imaginar un futuro mejor. Se trata de ser libre de tus creencias limitantes, ponerte en contacto con tus deseos más profundos, y mantenerte en el ámbito de la posibilidad. Necesitas el tiempo para trabajar en cada Cuenta de Vida, verla en relación con el todo, e imaginar lo que puede ser.

Lo fundamental: este es el día más grande de tu año. Si vas a evaluar cada aspecto de tu vida, vale la pena que emplees toda tu atención. Enfoque total significa mayor impacto. Te estamos pidiendo que tomes una decisión. ¿Te comprometerás a tomar un día completo, de 8:00 de la mañana a 5:00 de la tarde, para trabajar en tu Plan de Vida? ¿Sí o no?

PONTE EN MOVIMIENTO

Las personas que se resisten a la idea de comprometerse a pasar un día completo citan por lo general una de las cinco excusas siguientes. Pensamos en hablar claro sobre estas excusas por si acaso estabas a punto de pronunciar alguna de ellas.

Pero estoy demasiado ocupado. Esta es una excusa que vale para todo para las personas que simplemente no quieren hacer algo. Estás ocupado; y también lo están todos los demás. Lo entendemos. Pero lo cierto es que las personas sacan tiempo para lo que es importante para ellas. La verdadera pregunta es si crees que un Plan de Vida es importante. Cuanto más ocupado estés, más intencional debes ser. De lo contrario, amplías tu riesgo de ir a la deriva hacia un destino que no escogiste.

Pero no me lo puedo permitir. Quizá tienes un empleo en el que no te dan vacaciones o días libres remunerados. Dedicar un día a la Planificación de Vida significa ingresos perdidos o, al menos, una oportunidad perdida. Te gustaría dedicar todo un día a crear tu plan, pero hacerlo tendrá un costo. Antes de nada, no tienes que hacerlo en un día de trabajo. Cualquier día que normalmente te tomes libre será un tiempo estupendo para hacerlo. Puede que no tengas que tomar un día libre en el trabajo, pero si tienes que hacerlo, te alentamos a que lo reconsideres como una *inversión* en lugar de un costo. ¿Cuál podría ser un uso mejor de tu tiempo que el de establecer un plan de juego para tu vida?

Pero yo no soy escritor. Un Plan de Vida no es una novela. Este documento no será publicado. De hecho, no tendrás por qué dejar que *nadie* lo lea (aunque podrías decidir compartirlo con un buen amigo, *coach,* o alguien que pueda ayudarte a ponerlo en práctica). Es únicamente para tu propio consumo. Si puedes pensarlo, puedes escribirlo. Solo vuelca tus ideas. Lo único que necesitas hacer es sacarlo de tu cabeza y ponerlo en la página (ya sea física o digital).

Pero mi jefe no me lo permitirá. No necesitas pedir permiso a tu jefe. Si te tomas el día como un día de vacaciones o para asuntos personales, a él o ella no le importará. Desde luego, si cree en el concepto y está convencido de que conducirá a una mayor productividad (ver capítulo 10), puede que esté contento de darte el tiempo libre o incluso permitirte que utilices tiempo de trabajo para terminarlo.

Pero mi cónyuge no me lo permitirá. Si tu cónyuge no quiere que tomes un día de vacaciones para la Planificación de Vida, es porque (aún) no aprecia su valor. Lo cierto es que tu cónyuge será el beneficiario más inmediato y directo. Pero en lugar de intentar convencer a tu pareja, pídele que lea este libro y después piensen en cómo ambos pueden tomar un día.

Esta es la realidad: cualquier cosa que valga la pena recibirá oposición. Steven Pressfield denomina eso la Resistencia.[2] Cada vez que intentes hacer una mejora o emprender un proyecto importante, puedes esperar encontrar obstáculos. Crear tu Plan de Vida no es diferente. Algunas veces esos obstáculos provienen de fuera; con frecuencia provienen de dentro. Independientemente de eso, la clave es conectar con el *porqué* tu futuro imaginado es personalmente convincente, de modo que estés dispuesto a vencer la resistencia para lograrlo.

CÓMO PREPARARTE PARA TU TIEMPO A SOLAS

Que tu día de Planificación de Vida sea productivo o no, depende en gran parte de cuán bien te prepares. Sugerimos que emprendas estas cinco acciones.

1. *Aparta tiempo en tu calendario.* Si esperas hasta que se abra un espacio en tu calendario, nunca comenzarás (no nos preguntes cómo sabemos eso). A esas alturas, bien podrías haber perdido también cualquier sentimiento de urgencia. Recuerda que lo que se programa, se hace.

Crea una cita para un "Retiro de Planificación" en tu calendario y trátalo como una cita importante; ¡lo es! Si alguien te pide que hagas algo en ese día, puedes decir legítimamente: "Lo siento, pero ese día tengo un compromiso. (¿Qué te parece [fecha alternativa]?".

2. *Decide adónde ir.* Es esencial que te alejes de entornos familiares. Querrás estar libre de distracciones, y hacer esto en el trabajo o en casa no es una buena idea. Necesitas un cambio de perspectiva, y por lo general un cambio de escenario es necesario. Habiendo dicho esto, no tienes que irte a ningún lugar exótico o caro. Nosotros hemos hecho planificación del futuro en parques públicos, en habitaciones baratas de hotel, en la biblioteca pública, y en casas de vacaciones de amigos.

Conocemos a una mujer, Beth, que va a un centro de retiros en la costa que no es caro. Para ella, la playa le sitúa exactamente en la actitud para reflexionar y planear. Después de un día fuera, ella regresa descansada y preparada para el año siguiente.

Otro hombre, Richard, va a *Four Seasons*. Él pasa el día planeando, y después invita a su esposa a cenar y a una noche sin los niños. La primera vez que lo hizo, su matrimonio no estaba en muy buena forma. Después de eso, logró que las cosas regresaran al rumbo correcto.

Aunque preferimos estar en el exterior, no siempre es posible o incluso necesario. Lo principal es encontrar un lugar que sea tranquilo, donde no serás distraído ni interrumpido. También querrás encontrar un lugar que te guste, un lugar que estimule tu creatividad, tu sensibilidad, y tu disposición a escuchar los deseos más profundos de tu corazón.

3. *Lleva las provisiones necesarias.* No necesitas mucho, pero necesitarás algunas cosas, comenzando con instrumentos para escribir. Podrían ser un cuaderno y una pluma. Algunas personas descubren que la escritura realmente conecta su cabeza y su corazón y les permite soñar en grande. Otras prefieren utilizar su computadora portátil. Hemos creado esquemas para Microsoft Word y para Pages de iWork y están disponibles en LivingForwardBook.com. Utiliza lo que te resulte más natural.

Asegúrate de tener todo lo que necesitas para estar mentalmente agudo y físicamente cómodo: la ropa correcta para el ambiente, agua, aperitivos, y cosas similares. También podrías seleccionar música de fondo que te inspire. Para muchas personas, bandas sonoras de películas y listas de reproducción son especialmente útiles.

4. *Decide estar desconectado.* Ningún teléfono, Internet, aplicaciones; nada, excepto lo que estés utilizando para bosquejar tu Plan de Vida. Te invitamos a tomar la decisión de estar desconectado el día entero.

Sabemos cuán difícil es esto. Nosotros también batallamos con la tentación de mantenernos conectados. Pero te prometemos que estar desconectado no te matará. Podría ser un poco difícil durante las primeras horas, ya que querrás de modo compulsivo revisar tu correo electrónico o varias cuentas en redes sociales. Pero si resistes, el impulso pasará, y dejará tu mente libre para hacer algo que puede que no hayas hecho en años: *concentrarte.*

Estar desconectado te permitirá pensar profundamente y reflexivamente. Esto es esencial para crear un Plan de Vida que sea a la vez inspirador y práctico. No puedes hacer eso si optas por el camino fácil que viene de revisar el correo electrónico. Esas distracciones evitarán que profundices un poco más para descubrir lo que verdaderamente quieres y cómo lograrlo.

5. *Involucra a tu familia y a tus colegas.* Tu familia y las personas con quienes trabajas tienen necesidades legítimas. Probablemente estás acostumbrado a responder, pero hay muy pocas interrupciones que no puedan esperar de ocho a diez horas.

La clave es avisar a las personas con antelación de que no estarás disponible. No tienes que dar muchos detalles, solamente decirles que durante la mayor parte del día no estarás accesible. Dependiendo de cuánto afectara tu ausencia a tu equipo, podrías incluso reunirte con ellos antes de desconectar para abordar cualquier pregunta o problema. También podrías crear un plan de respaldo para cualquier emergencia.

Puede que haya otras cosas que quieras hacer como preparación para tu día de Planificación de Vida, pero estas cinco deberían situarte en el camino. Lo principal es ser intencional y reflexivo al enfocarlo.

MAXIMIZA TU DÍA

Así que ha llegado el gran día. Puede que sea uno de los días más importantes de tu vida hasta la fecha. ¿Estás listo para comenzar? A continuación tenemos algunas buenas prácticas que hemos aprendido de nuestra propia experiencia y de aquellos a quienes hemos dirigido en el proceso.

REVISAR TU ACTITUD

Antes de comenzar a escribir, queremos hablar de tu mentalidad al encarar este ejercicio. Cualquiera que sea tu realidad, recomendamos que conscientemente cambies tu actitud y cultives un espíritu de gratitud, anticipación y apertura.

Gratitud es donde empieza toda actitud positiva. Emociones negativas como enojo, temor y tristeza se disipan en el momento en que comienzas a estar agradecido. ¿Por qué puedes estar agradecido en este momento? Da gracias por todo lo que se te ocurra: tu salud, familia, trabajo, amigos, comunidad, o cualquier otra cosa. Incluso si una de tus Cuentas de Vida es tan gravemente negativa que no estás seguro de que pueda salvarse, encuentra algo por lo que ser agradecido. La gratitud te permitirá crear tu Plan de Vida con un sentimiento de abundancia y no de escasez. En nuestra experiencia, las personas raras veces obtienen algo de nada hasta que han aprendido a ser agradecidas por lo que ya tienen.

Anticipación es lo opuesto al temor. Significa acercarte a esta experiencia, aceptarla y realizarla por completo. En la vida, con frecuencia obtienes lo que esperas. Si esperas obtener perspectiva, sabiduría e inspiración, probablemente las encontrarás. Si esperas aburrimiento, confusión o frustración, probablemente también las encontrarás. ¿Cuál es tu expectativa hoy? Vale la pena tomar el tiempo para observar cuáles son tus expectativas y cambiarlas, si es necesario, hacia un enfoque positivo.

Finalmente, sugerimos que cultives la *apertura*. Esto significará cosas distintas para diferentes personas. Generalmente, nos referimos a que deberías enfocar este día sin suposiciones. Has de estar dispuesto a explorar tus intuiciones y escuchar lo que esté diciendo tu corazón, pues estás creando el espacio necesario para que te hable por un motivo. Debes estar dispuesto a ser sorprendido. Algunas de las mayores perspectivas que hemos experimentado jamás fueron las que menos esperábamos. Escuchamos decir eso mismo a quienes dirigimos.

RECORDARTE A TI MISMO LA META

Vale la pena recordar por qué has llegado aquí. Enfócate en lo que puede hacerse: ¿qué quieres llevarte cuando hayas terminado? Tu meta es crear un Plan de Vida escrito, utilizando el formato que hemos compartido contigo en los capítulos 4-7. Puede estar entre cinco a quince páginas. La mayoría de ellos por lo general tienen menos de diez, pero lo único que importa es que funcione para ti.

Al final del día querrás al menos tener un primer bosquejo de cada una de las tres secciones principales que constituyen el Plan de Vida. Aún mejor, establece la meta de tener tiempo suficiente en el día para revisarlo y hacer ajustes. Al día siguiente, querrás comenzar a implementar tu plan. No puedes hacer eso a menos que tu plan esté terminado, y por eso necesitas enfocarte en lo que puede hacerse: un Plan de Vida terminado y escrito.

CONFIAR EN EL PROCESO

Esto es difícil de hacer, especialmente la primera vez. El proceso no siempre sigue un camino predecible. Quizá comenzarás con mucha energía, quedarás atascado y querrás abandonar. Eso sucede algunas veces, así que no desesperes. Mantén tu cabeza en el partido. Quizá suceda lo contrario. Llegaste distraído o desalentado y te cuesta bastante comenzar. Aplica el mismo consejo y no desesperes. Confía en el proceso.

Después de hacer *coaching* con miles de personas en este proceso, podemos garantizar que terminarás este día con un Plan de Vida terminado si te mantienes conectado y no dejas de dar un paso tras otro.

ESCUCHAR A TU CORAZÓN

Al plasmar tus pensamientos sobre el papel, observa lo que sientes. ¿Te identificas con lo que acabas de escribir para esta o aquella Cuenta de Vida? ¿Te parece hueco? Si es así, piensa en alguna alternativa.

Yo (Michael) tomé mi día de planificación de futuro poco tiempo antes de dejar la posición de director general de Thomas Nelson. Durante meses había estado inquieto; sentía el cambio en el horizonte pero me gustaba la comodidad de mi posición. En mi cuenta de carrera profesional escribí: "Llevar a la empresa al siguiente nivel". Pero las palabras solo estaban escritas, y cuanto más las miraba, más inertes y poco inspiradores parecían. No sentía ninguna energía con respecto a esa declaración.

Por lo tanto, me di permiso a mí mismo para soñar. ¿Qué me gustaría poder hacer si el dinero o el estatus no fuera un problema? Casi inmediatamente me llegó la idea: *hablar y escribir a tiempo completo*. No tenía idea de cómo podría hacer que eso sucediera, pero sabía que era el rumbo correcto. Decidí escuchar a mi corazón y comencé a poner los cimientos para una de las mayores transiciones profesionales que experimentaría jamás.

NO PREOCUPARTE POR HACER QUE SEA PERFECTO

Por favor, por favor, por favor... escúchanos cuando decimos lo siguiente: el perfeccionismo es la madre de la postergación. Si esperas perfección, nunca terminarás.

Recuerda: tu Plan de Vida probablemente nunca será publicado. Nadie lo evaluará. No es para consumo público. Este documento es *para ti*, de modo que permítete a ti mismo ser menos que perfecto. Puedes tener una mala gramática, escribir frases incompletas o párrafos mal formateados. No tiene que ser perfecto, tan solo significativo para ti.

MANTENERTE ENFOCADO

Serás tentado a distraerte, en especial cuando la cosa se ponga difícil. Eso es normal. Nos recuerda a Dug, el perro parlante en la película *Up*. Justo en medio de una conversación intensa, grita "¡Ardilla!", y sale corriendo para perseguirla. Siempre que sientas ese impulso, resístelo. Mantente quieto, mantente enfocado, y la distracción finalmente pasará. No queremos decir con esto que no deberías tomar descansos. Toma tantos como necesites para ser eficaz.

Una manera de manejar esos pensamientos fugaces es tener un cuaderno de papel separado para ideas al azar: un estacionamiento para todas estas cosas que se te ocurren y a las que quizá quieras regresar más adelante pero que en este momento te desviarán.

Si sigues las prácticas que recomendamos aquí, terminarás el día con un Plan de Vida que te dé el propósito y la dirección de tu vida, junto con la inspiración necesaria para comenzar el viaje.

MOMENTO DE AVANZAR

Ahora estás en un punto crítico. Puedes dejar a un lado este libro, olvidarte de lo que has aprendido, y seguir a la deriva. Ve por ese camino y nunca experimentarás los beneficios de la Planificación de Vida. ¿Quién sabe dónde podrías terminar? Pero lo más probable es que no sea un destino que habrías escogido.

Alternativamente, puedes remangarte y comenzar. No te estamos pidiendo que escribas una gran novela, una disertación doctoral, y ni siquiera un ensayo. Te pedimos que pienses, imagines y escribas sobre algo que ya te interesa profundamente: *tu vida*. En los siguientes capítulos hablaremos sobre algunos aspectos importantes de *implementar* tu plan. Pero por ahora, lo más importante que tienes que hacer es poner una fecha. ¿Cuándo crearás tu plan?

Miles de personas lo han hecho antes que tú. También tú puedes hacerlo.

TERCERA PARTE

HAZ QUE SUCEDA

8

IMPLEMENTA TU PLAN

¡La estrategia sin ejecución es una alucinación!

—MIKE ROACH

El gran día ha quedado a tus espaldas, y ahora es tiempo de actuar. Si quieres el beneficio de un Plan de Vida, tienes que implementarlo. Tus Planes de Acción necesitan estar integrados en tu rutina normal diaria. Pero ¿y si no tienes ningún tiempo adicional? ¿Y si al revisar tu calendario te das cuenta de que ya está completo y no hay espacio para una cosa más?

A pesar de todos nuestros dispositivos y aplicaciones, no tenemos más tiempo. La mayoría de nosotros estamos cada vez más ocupados; la mayoría trabajamos considerablemente más de cuarenta horas por semana, manejando llamadas en el auto, correos electrónicos en la noche, y proyectos los fines de semana. Un sondeo descubrió que muchos profesionales con teléfonos inteligentes ¡están conectados con su trabajo más de setenta horas cada semana! Eso ni siquiera comienza a incluir nuestros compromisos familiares y sociales.[1]

A veces, nuestras vidas se parecen a la famosa escena de *I Love Lucy,* cuando Lucy y Ethel consiguen empleos en una fábrica de dulces. Estamos de pie en la cinta transportadora, envolviendo chocolates a medida que pasan por la cinta, pero son demasiados y llegan demasiado rápido. Si nos saltamos aunque sea uno, tenemos problemas, pero no podemos seguir el ritmo. Poco después estamos metiendo chocolates donde encajen, esperando que nadie lo descubra. Y aquí llega la mala noticia. Mientras mejores somos en ocultar todos nuestros chocolates no envueltos, más competentes nos vemos, y nuestros gerentes envían más chocolates a nuestra cinta.

Si te sientes abrumado por las demandas de la vida, no estás solo. Pero si queremos lograr lo que dijimos que queríamos en nuestro Plan de Vida, debemos luchar contra la deriva y nadar contra corriente.

En 2012 yo (Michael) tuve que afrontar esta situación de nuevo por enésima vez. Mi libro, *Platform* (Plataforma), estaba a punto de llegar a las librerías, mi calendario de compromisos estaba lleno de eventos, y una de mis hijas iba a casarse al mes siguiente. Yo estaba hasta el cuello, y tenía la sensación de estar quedándome cada vez más atrás. Algo tenía que suceder. Afortunadamente, este no era mi primer rodeo. Tenía un conjunto de herramientas que podía utilizar para obtener el espacio para respirar que necesitaba.

Queremos compartir esas herramientas contigo en este capítulo. Vamos a comenzar mirando tu calendario.

¿CUÁNTO MARGEN TIENES?

Siendo realista, ¿tienes tiempo para mantener el ritmo de todo lo que has estado haciendo *además* de sacar tiempo adicional para implementar los Planes de Acción que creaste en tu Plan de Vida? Probablemente no.

Quizá hayas dicho algo parecido a esto a ti mismo o a tu cónyuge:

- "En cuanto me adapte a este nuevo empleo, tendré más espacio para respirar".

- "En cuanto mi hijo vaya a la escuela, tendré más tiempo para hacer otras cosas".
- "En cuanto mi cónyuge termine su tarea de trabajo actual, tendré más ayuda con los niños".

Pero antes de que te des cuenta, las semanas se convierten en meses, y los meses se convierten en años. Las personas pasan de una "situación temporal" a la siguiente, y poco después es permanente. Como la rana en la tetera, te has estado cociendo grado a grado.

Lo que necesitamos desesperadamente es *margen*: tiempo para respirar, para reflexionar, para actuar. ¿Cómo te hace sentir la falta de margen? ¿Ansioso? ¿Frustrado? ¿Abrumado? Por el contrario, ¿cómo te hace sentir tener margen? ¿Relajado? ¿Enfocado? ¿Presente? Si quieres tener éxito en tu Plan de Vida, debes crear más margen para así tener espacio para lo que es importante y no meramente urgente.

El margen es posible, pero requiere que reconozcas las fuerzas que amenazan con ahogarlo y después aplicar las medidas adecuadas. Requiere concretamente que aprendas y practiques tres habilidades: hacer "triaje" en tu calendario, organizar tus prioridades, y decir no a más peticiones. Veamos cada una de ellas.

1. HACER "TRIAJE" EN TU CALENDARIO

Triaje es un término militar. En una zona de batalla, los médicos deben decidir dónde aplicar sus recursos limitados. No pueden ayudar a todo el mundo. El personal médico reconoce que algunos pacientes sobrevivirán sin recibir cuidado médico, mientras que otros no sobrevivirán incluso si tienen muchos cuidados. Triaje significa pasar por alto estos dos grupos y enfocarse en aquellos que solamente sobrevivirán *con* un cuidado médico apropiado. Es una decisión difícil, pero es así como ellos maximizan los índices de supervivencia y ganan guerras.

Con respecto a tu calendario, triaje significa que debes saber qué cosas puedes cancelar o reorganizar con seguridad, y qué otras demandan tu participación. De nuevo, la meta es crear amplio margen para ejecutar los Planes de Acción que has incluido en tu Plan de Vida. Así es como funciona:

- *Proteger lo básico.* Repasa tus compromisos actuales y pregunta cómo se relacionan con tu lista de prioridades de Cuentas de Vida. ¿Son esenciales para ayudarte a avanzar hacia tu futuro imaginado? Si es así, déjalos en tu calendario. Delo contrario, piensa en cancelarlos o reorganizarlos (ver a continuación).
- *Eliminar lo que no es esencial.* A veces hacemos compromisos que parecen importantes cuando los organizamos. Quedamos atrapados en el entusiasmo de una idea o un proyecto nuevo, pero después de reflexionar, nos damos cuenta de que no son realmente tan importantes. Por lo tanto, hasta donde sea posible, necesitamos cancelar esas reuniones o ver si podemos manejarlas de otra manera.
- *Reorganizar parte de lo que permanece.* Algunas cosas son importantes, pero no son importantes *ahora*. A la mayoría de nosotros nos gusta hacer las cosas cuanto antes, pero eso a veces obra en contra nuestra. Por lo tanto, necesitamos repasar nuestro calendario y ver lo que podemos posponer sin que haya consecuencias significativas.

Practicar el triaje te ayudará a liberar tu calendario, devolviéndote parte del margen que necesitas para lograr lo que más importa. Pero solamente el triaje no es suficiente.

2. ORGANIZAR TUS PRIORIDADES

La meta aquí no es simplemente tener menos compromisos (aunque eso sería un alivio muy bienvenido para la mayoría de nosotros) sino tener los compromisos *correctos*. Si la vida es un acto de equilibro de bolas, la habilidad importante es saber qué bolas son de plástico y qué bolas son de cristal. Sugerimos dos herramientas: la Semana Ideal y el Bloque de Tiempo Anual.

TU SEMANA IDEAL

El autor Todd Duncan nos introdujo por primera vez a este concepto en una serie de grabaciones de audio que hizo y que finalmente se convirtieron en el libro *Time Traps: Proven Strategies for Swamped Salespeople* (Trampas del Tiempo: Estrategias Comprobadas para Ejecutivos de Ventas Agobiados). La idea es similar a un presupuesto financiero; la única diferencia es que planeas ahora cómo emplearás tu tiempo en lugar de tu dinero. Y como un presupuesto financiero, primero lo gastas sobre papel.

Tu Semana Ideal, la semana que vivirías si pudieras controlar el 100 por ciento de lo que sucede, está dividida en un sencillo esquema. Cada día tienen un *tema*. Además, cada día está segmentado según un área de enfoque concreta. Utilizamos una simple hoja de cálculo para hacerlo, y se ve parecida al ejemplo de Tim en la figura 8.1.

Puedes ver que los *temas* de Tim están enumerados en la fila de más arriba:

- El lunes está dedicado a su equipo: reuniones individuales y almuerzo de personal.
- Martes y miércoles están dedicados a viajes y reuniones largas (por ej., reuniones de evaluación mensual del negocio).
- El jueves es un día para lo que se necesite. Es aquí donde Tim pone peticiones externas de reuniones.
- El viernes se emplea en planificación y pensamiento a largo plazo.

FIGURA 8.1
EJEMPLO DE UNA SEMANA IDEAL

Temas		Equipos	Viajes y reuniones largas	
		Lunes	Martes	Miércoles
Yo	05:00–05:30			Tiempo a solas
	05:30–06:00			Lectura
	06:00–06:30	Pecho/espalda	Cardio	Tronco inferior
	06:30–07:00			
	07:00–07:30			Ducha/vestirse
	07:30–08:00			Procesar correo
	08:00–08:30			Viaje
Trabajo	08:30–09:00			
	09:00–09:30			
	09:30–10:00			
	10:00–10:30			
	10:30–11:00	Reporte Directo #2	Semana 1: Viaje	
	11:00–11:30			
	11:30–12:00		Semana 2: Evaluaciones financieras	
	12:00–12:30	Almuerzo juntos		
	12:30–01:00			
	01:00–10:30		Semana 3: Viaje	
	01:30–02:00	Reporte Directo #3		
	02:00–02:30		Semana 4: Reuniones informales	
	02:30–03:00			
	03:00–03:30	Reporte Directo #4		
	03:30–04:00			
	04:00–04:30			
	04:30–05:00			
	05:00–05:30		Procesar correo	
	05:30–06:00		Planificar para mañana	
	06:00–06:30		Viaje	
Familia y Otros	06:30–07:00		Cena con Gail	
	07:00–07:30			
	07:30–08:00		Escribir	
	08:00–08:30			
	08:30–09:00			

Informal	**Planificación**	**Personal**	**Iglesia**
Jueves	Viernes	Sábado	Domingo
Cardio	Brazos/hombros	Cardio	Prep. Escuela dominical
		Lectura	
		Tareas de casa	Ducha
			Viaje
Disponible para reuniones	Disponible para reuniones	Repaso finanzas personales	
			Iglesia
Disponible para reunión almuerzo	Disponible para reunión almuerzo		Almuerzo con familia
		Almuerzo	Viaje
Disponible para reuniones	Repaso visión y plan de negocio		
Procesar correo		Vísperas	
Planificación para mañana			
Viaje			
	Cita con Gail		Repaso y planificación semanal

EJEMPLO DE UNA SEMANA IDEAL

- El sábado es para tareas y actividades personales.
- El domingo es para ir a la iglesia, descansar, y planificar la semana siguiente.

Las áreas de enfoque de Tim se enumeran en la columna más izquierda:

- Las primeras horas de la mañana se dedican al yo: lectura, oración y ejercicio.
- La mitad del día se dedica al trabajo. Tim llega a la oficina a las 8:30 de la mañana y se va rápidamente a las 6:00 de la tarde. Es asombroso lo que puedes hacer en el tiempo adjudicado cuando creas "límites fuertes" en torno a tu trabajo. De otro modo, se vuelve operativa la Ley de Parkinson: "El trabajo se extiende hasta el tiempo que se le asigna".
- El final del día está reservado a la familia de Tim y su relajamiento. Actualmente tiene tres hijos viviendo en casa. Cenar juntos es una prioridad, pues le da a la familia tiempo para conectar y ponerse al día. Él y su esposa disfrutan entonces de lectura durante los últimos treinta minutos del día.

Notemos que las actividades que contribuyen a las prioridades de Tim en su Plan de Vida están sombreadas de color gris claro. Las no relacionadas con sus prioridades están sombreadas en oscuro, y las que podrían estar en ambos lados están en blanco. Las líneas punteadas en diagonal son partes no programadas y representan "margen". Este esquema es subjetivo, pero permite a la mayoría de personas asegurarse de estar trabajando en lo que más importa.

Para usar esta herramienta, sugerimos que bosquejes tu propia Semana Ideal. Puedes descargar nuestra hoja de cálculo Excel en LivingForwardBook.com/ideal-week o comenzar desde cero.

Cuando hayas creado tu Semana Ideal, puedes usar ese documento como un esquema básico para la planificación. También es útil si lo entregas a tu asistente o tus colegas, para que todos trabajen con las mismas expectativas y hacia las mismas metas.

No todo puede meterse en este esquema; sin embargo, tener este documento te permitirá mejor lograr lo que más importa.

TU BLOQUE DE TIEMPO ANUAL

Otra herramienta que nos ha resultado útil es un Bloque de Tiempo Anual. Esto te permite planear tu vida con tres años de antelación. Obviamente, no estamos hablando de los pequeños detalles, pues nuestras vidas son demasiado dinámicas para que eso funcione.

Pero esta herramienta te permite "poner las piedras grandes" primero en tu calendario, para que lo importante no se vea sobrepasado por lo urgente. La mejor manera de hacerlo es apropiarte de tu calendario antes de que lo haga otra persona.

Desgraciadamente, ninguna de las herramientas actuales de calendarios que nos resultan familiares ofrecen el tipo de vista anual que nosotros querríamos. En los productos comerciales que ahora están disponibles, lo máximo que se puede ver es una vista mensual. Por lo tanto, creamos una herramienta de Bloque de Tiempo Anual en Excel. También incluye un ejemplo de un calendario actual. Puedes introducir el año que quieres programar en la celda A5, y el calendario recalculará automáticamente. Incluso tiene en cuenta los años bisiestos. Puedes descargarla en LivingForwardBook.com.

Comienza programando las cosas menos discrecionales y avanza hacia las más discrecionales. Normalmente, recomendamos actualizar este calendario en cierto momento en el cuarto trimestre del año. Podrías considerar añadir en el siguiente orden a tu Bloque de Tiempo Anual:

1. Cumpleaños y aniversarios
2. Festivos
3. Eventos de la industria
4. Vacaciones
5. Reuniones de junta directiva
6. Reuniones de evaluación de negocio
7. Viajes especiales
8. Tiempo con amigos

Tu lista puede ser diferente. El asunto es agarrar las fechas mientras puedas antes de que lo haga otra persona. Preferimos que otras personas hagan planes en torno a nuestras prioridades antes de vernos forzados a hacer planes nosotros en torno a las de ellos. Recuerda: si no tienes un plan para tu vida, otra persona sí lo tiene.

La clave es el equilibrio. Asegúrate de programar tiempo para las cosas que son importantes para ti, pues de otro modo te encontrarás luchando para encontrar tiempo para tus prioridades. Si no tienes cuidado, te despertarás un día y descubrirás que has pasado tu vida viviendo para las prioridades de otras personas. Para evitar que eso suceda, también necesitamos aprender a decir no con mucha más frecuencia. Hablemos ahora de eso.

3. APRENDER A DECIR NO CON GRACIA

¿Te resulta difícil decir no? La película de Jim Carrey *Yes Man* (¡Sí, señor!) trata sobre un hombre cuya vida no va a ninguna parte hasta que aprende a decir sí a todo. De repente, su suerte cambia: durante un tiempo. Finalmente le atrapa, como nos atrapa a todos. La mayoría de nosotros aborrecemos defraudar a los demás, pero llega cierto punto en que entiendes que no puedes decir sí a todo. Intentar hacerlo pone en riesgo tus propias prioridades y lo que más importa.

En su libro éxitos de ventas, *The Power of a Positive No: How to Say No and Still Get to Yes* (El Poder de un No Positivo: Cómo decir no y sin embargo llegar al sí), el profesor de Harvard, William Ury, ofrece tres respuestas a alguien que nos pide que hagamos algo que no queremos hacer:

1. *Acomodación*: Decimos sí cuando queremos decir no. Eso pasa por lo general cuando valoramos la relación de la persona que hace la petición por encima de la importancia de nuestros propios intereses.

2. *Ataque*: Decimos no de mala manera. Es un resultado de valorar nuestros propios intereses por encima de la importancia de la relación. A veces somos temerosos o resentimos la petición y reaccionamos en exceso a la persona que nos lo pide.

3. *Evitar*: No decimos nada. Como tenemos temor a ofender a la otra parte, evitamos la situación esperando que el problema se vaya. En raras ocasiones eso sucede.

A veces, estas respuestas se solapan entre ellas, empeorando una situación ya difícil. Por ejemplo, quizá inicialmente evitamos la petición, provocando que la repitan una segunda o tercera vez. Entonces nos molestamos y atacamos a quien hace la petición. Esto conduce a la culpabilidad, quizá a una disculpa, y después a la acomodación.

Afortunadamente, hay una manera mejor. El Dr. Ury sugiere una cuarta estrategia que denomina un "no positivo". Un no positivo nos ayuda a evitar sacrificar la relación o nuestras prioridades. Esta sencilla estrategia emplea una fórmula de "Sí-No-Sí". "En contraste con un No común que comienza con un No y termina con un No", explica el Dr. Ury, "un No positivo comienza con un Sí y termina con un Sí".[2] Así es como se combinan los tres elementos:

Sí: Un no positivo comienza diciendo sí a ti mismo y protegiendo lo que es importante para ti. Añadiríamos la importancia de afirmar a la persona que hace la petición.

No: Entonces continúa con un no claro que establece límites claros. Recomendamos que evites dejar la puerta abierta diciendo "quizá", como en: "quizá pueda decir sí a tu petición en el futuro".

Sí: Un no positivo termina con un sí que afirma la relación y ofrece otra solución a la petición de la persona.

Por ejemplo, yo (Michael) recibo con frecuencia mensajes de correo electrónico de autores en potencia, pidiéndome que reseñe sus proposiciones de libro. Esto es el resultado de haber empleado la mayor parte de mi carrera profesional en el campo editorial. Así es como respondo utilizando la fórmula Sí-No-Sí.[3]

Bill,

¡Te felicito por tu nueva propuesta! Muy pocos autores llegan tan lejos. Gracias por tu interés en que yo haga una reseña.

Desgraciadamente, debido a mis otros compromisos ya no puedo permitirme reseñar propuestas de libros; por lo tanto, debo declinar.

Pero puedo darte algunas pautas sobre cómo llegar a publicar. Si todavía no lo has hecho, te recomendaría que comiences leyendo mi entrada en el blog: "Consejos para autores que escriben por primera vez". En ella ofrezco instrucciones paso a paso sobre qué hacer primero.

También he publicado un curso completo en audio titulado "Llegar a publicar", que engloba mis más de 30 años de experiencia editorial en veintiún sesiones de aprendizaje.

Espero que lo encuentres útil.

Con mis mejores deseos para tu éxito editorial.

Michael

Pocas personas siguen insistiendo después de recibir un correo como este. Normalmente responden diciendo: "Gracias por su consideración. Lo entiendo. Gracias por responderme".

Las personas de las que somos *coaches* lo entienden intuitivamente después de un tiempo. "Sí" y "no" son como el yin y yang. Comienza mirando tus cuentas. Cuando dices sí a una petición que no es una prioridad, estás diciendo no potencialmente a tus amigos, hijos o cónyuge, sin mencionar tu propia salud y crecimiento espiritual. "Tienes que decir no a algunas cosas si verdaderamente tu matrimonio y tu familia son una prioridad", dijo uno de nuestros clientes, un ejecutivo de Chick-fil-A. Y tiene razón. Estás diciendo no a una cosa para poder decir sí a otra.

CONCLUSIÓN

Tu tiempo es un todo o nada. Cuando dices sí a una cosa, simultáneamente estás diciendo no a otra cosa. Mientras más exitoso llegues a ser en la vida y el trabajo, más difícil se vuelve decir no. Te encuentras diciendo no a cosas buenas, cosas dignas, a fin de decir sí a tus prioridades más importantes.

Si quieres implementar exitosamente tu Plan de Vida, debes emprender estas tres acciones: hacer triaje en tu calendario, organizar tus prioridades, y aprender a decir no con gracia.

9

MANTENLO VIVO

> Autodisciplina es la capacidad de obligarte a ti mismo a hacer algo que no necesariamente quieres hacer, para obtener un resultado que realmente te gustaría tener.
>
> —ANDY ANDREWS

Un plan es inútil a menos que lo revises regularmente. Cuando hayas completado tu Plan de Vida, es importante establecer un patrón de revisión regular.

Hace años, yo (Michael) era parte de una organización de rápido crecimiento. Finalmente llegamos al lugar en el que el director general decidió que necesitábamos un plan estratégico. En una reunión de personal anunció: "Los tiempos de 'improvisarlo' han terminado. Necesitamos un plan formal, y lo necesitamos *ya*". Entonces contrató a un consultor de planificación estratégica muy caro, y programó un retiro de tres días.

Unos cincuenta miembro del liderazgo de la empresa, representando a distintos departamentos e intereses, se reunieron en unas hermosas instalaciones turísticas fuera de Austin (Texas). El consultor dirigió al equipo reunido en el proceso. Era extremadamente detallado y sistemático. Él había creado carpetas de anillas forradas de cuero con el nombre de nuestra empresa grabado en la cubierta y con tablas multicolor en el interior. El equipo tuvo conversaciones increíbles, tomó decisiones importantes, y logró alinearse sobre asuntos clave que les habían estado arrastrando por años. Crearon planes de acción detallados con hitos, fechas tope y responsabilidades. El plan era una obra de arte.

El único problema fue que nunca volvieron a consultar el plan: nunca. Cada ejecutivo que estuvo en el retiro tenía el plan en un estante en su oficina, pero nunca fue revisado, ajustado o cambiado. Esto no es nada nuevo en la vida empresarial. Una empresa que crea y después implementa un plan, es la excepción en lugar de ser la regla.

No queremos que eso suceda cuando se trata de tu Plan de Vida. Queremos asegurar que lo implementas. La única manera de que eso sea posible es si tienes un proceso establecido para hacerlo *visible*. Necesitas repasarlo, ajustarlo y revisarlo regularmente si es que realmente moldeará tu vida.

El Dr. Henry Cloud explica la importancia de este proceso en *Boundaries for Leaders* (Límites para los Líderes). Alcanzar nuestras metas depende de prestarles atención. Cuando hacemos eso, se abordan las cosas importantes mientras que no se tratan las poco importantes. En el proceso generamos una conciencia vívida de lo que se requiere para alcanzar nuestras metas, lo que el Dr. Cloud denomina "memoria práctica". Revisar tu Plan de Vida ayudará a ampliar tu memoria práctica y así a incrementar las posibilidades de poder alcanzar tus metas. Nos gustaría sugerir tres maneras de poder hacerlo.

COMIENZA POR LEER TU PLAN DIARIAMENTE

En *Building Champions* guiamos a nuestros clientes a leer su Plan de Vida en la mañana durante los primeros noventa días. También deberías leerlo en voz alta. La idea es anclar cada aspecto de tu plan en tu corazón y tu mente y evitar que este ejercicio se vuelva una repetición.

REPASA TU PLAN SEMANALMENTE

Tras los primeros noventa días, la siguiente manera de mantener vivo tu plan es practicar lo que algunos han llamado "El Repaso Semanal". Esa es una oportunidad de sacar la cabeza por encima de la ventisca diaria de actividades y ver dónde has estado y hacia dónde vas. Es también una oportunidad de ver cómo estás progresando en lo que más importa, esos puntos que has identificado en tu Plan de Vida.

En nuestra consulta, el Repaso Semanal es la clave para mantenernos encima de nuestros proyectos y tareas. El resultado es que mantenemos el control de nuestra carga de trabajo y seguimos avanzando en la dirección de nuestras prioridades más importantes.

Nadie ha escrito de modo más convincente sobre la importancia del Repaso Semanal que el experto en productividad David Allen. En su libro *Getting Things Done* (Organízate con Eficacia), él escribe:

> Muchos de nosotros parece que tenemos en nuestra naturaleza enredarnos regularmente en más cosas de las que tenemos capacidad de manejar. Asistimos a reuniones durante todo el día, vamos a eventos después del trabajo y generamos ideas y compromisos que necesitamos manejar, y nos enredamos en citas y proyectos que tienen el potencial de lanzar nuestra inteligencia creativa a órbitas cósmicas.
>
> El torbellino de actividad es precisamente lo que hace que sea tan valioso el Repaso Semanal. Incorpora tiempo para captar, reevaluar y reprocesar para mantenerte en

equilibro. Sencillamente no hay ningún modo de realizar este repaso necesario a la vez que intentas organizar el trabajo diario.[1]

Yo (Michael) por lo general hago mi repaso semanal el viernes cuando tengo claridad sobre lo que terminé y lo que queda pendiente aún. Solía hacerlo la noche del domingo para tener clara la semana, pero desde entonces he llegado a ver el valor de estar totalmente desconectado el sábado y el domingo. Al hacerlo el viernes, tengo claro lo que llegará el lunes y estoy libre para estar plenamente descansado el fin de semana.

Yo (Daniel) prefiero hacer mi repaso semanal en casa también, pero temprano los lunes en la mañana temprano. Me ayuda a enfocarme en lo que más importa antes de dirigirme a la oficina y lanzarme a las demandas de mi semana.

Pero lo cierto es que cualquier día puede funcionar. Algunas personas de las que somos *coaches* prefieren hacer un repaso semanal los viernes en la tarde, al final de su semana de trabajo. Otros prefieren hacerlo lo primero en la mañana del lunes. Lo importante es que seas intencional al respecto y realmente incluyas una cita en tu calendario para hacerlo.

Por lo general recomendamos de quince a treinta minutos para tu Repaso Semanal, pero podría ser más largo si es necesario. Raras veces requerirá todo el tiempo que apartas para ello, pero es útil tener bloqueada esa ventana en tu horario. Si no lo programas, es fácil evitar esta actividad o programar otra cosa en esa franja de tiempo.

¿Qué deberías hacer durante este tiempo? No es esencial, pero aquí está la "agenda" que recomendamos y usamos. Tiene en consideración algo más que tu Plan de Vida, pero todo está interrelacionado. Es una modificación de la lista de David Allen. Siéntete libre para adaptarla como prefieras:[2]

1. *Repasa tu Plan de Vida.* Lee tu Plan de Vida, palabra por palabra. Ten en mente que es un documento breve, de modo que no toma mucho tiempo leerlo. El valor es que te da una perspectiva de alto nivel, para que no pierdas el contacto con lo que más importa. También infunde propósito a tus acciones diarias.

2. *Reúne todos los papeles sueltos y procesa.* Vacía todo lo que tengas en tu maletín o en la funda de tu computadora, tu bandeja de entrada física, y tu cartera o monedero. Después revisa cada papel y decide qué hacer con él. Siguiendo el modelo de David Allen, primero pregúntate si es algo que requiere acción. Si no, tienes tres opciones. Puedes

    - tirarlo a la basura
    - añadirlo a tu lista de Algún día/quizá, o
    - guardarlo para futura referencia.
    - Si el objeto requiere acción, puedes
    - hacerlo inmediatamente si la acción toma menos de dos minutos o añadirlo a una lista de tareas para después;
    - posponerlo programando un tiempo en tu calendario para hacerlo; o
    - delegarlo a otra persona para que lo haga e incluirlo en tu lista de tareas. Usamos una categoría de "Pendiente" o "En espera" (esta es otra manera de etiquetar esas tareas que esperan aporte de otra persona antes de que puedas avanzar).

3. *Procesa tus notas.* La toma de notas es una habilidad crítica de productividad.[3] Puedes usar una solución de baja tecnología, como un cuaderno, o de alta tecnología, como Evernote, en tu computadora, tableta o teléfono inteligente. No importa. Lo importante es que vuelvas a leer tus notas,

buscando puntos de acción que acordaste realizar. Querrás transferirlos a tu lista de tareas.

4. *Repasa datos anteriores del calendario.* Sugerimos que repases las reuniones de la semana anterior en tu calendario y veas si hay algo que pasaste por alto. Por ejemplo, puede que no tomes notas en reuniones en almuerzos, pero podrías querer hacer un seguimiento con una nota de agradecimiento o un regalo. Repasar las citas de la semana anterior proporciona una oportunidad de estimular tu memoria y captar cosas que de otro modo podrías pasar por alto.

5. *Repasa el calendario futuro.* Esta es una de las partes más importantes del Repaso Semanal. Es una oportunidad para que observes cualquier reunión próxima con un ojo puesto en la preparación que podrías necesitar. Esto te da ventaja y mantiene en rumbo tus tareas (aún nos sorprende cuántos profesionales se presentan en una reunión sin haber repasado sus tareas previas, y eso les hace verse descuidados e incompetentes. La realidad es que no tienen un proceso establecido para el repaso sistemático de anteriores reuniones y tareas).

6. *Repasa tus listas de acción.* Aunque recomendamos esto y lo hacemos diariamente, el enfoque es más amplio durante el Repaso Semanal. Nos hacemos la pregunta: "¿Qué tenemos que lograr realmente esta semana?". Si es una tarea muy importante, la incorporamos a nuestro calendario y la programamos.

7. *Repasa tu lista de cosas pendientes (o "En espera").* Esta es una lista de cosas que has delegado a otros y son lo bastante importantes para repasarlas. Si algo está atrasado, o si necesita una actualización de progreso, puedes enviar un correo o hacer una llamada telefónica y alentar a la

persona responsable. También recomendamos que incluyas una nota en la tarea misma de que has enviado un recordatorio.

8. *Repasa listas de proyectos*. Cuando una acción consiste en muchas subacciones, califica como proyecto. Por ejemplo, planificar el retiro anual de personal puede requerir múltiples acciones, como reservar un lugar, contratar un *catering*, enviar invitaciones, y otras muchas. A pesar del sistema de gerencia de proyectos que utilices, lo importante es repasar tus proyectos principales y considerar la siguiente acción requerida para que la pelota siga rodando.
9. *Repasa listas de algún día/quizá*. Estas son cosas que no requieren atención inmediata pero sería bueno hacer algún día. Este es un lugar estupendo para situar ideas que no quieres olvidar pero que aún no están listas para abordarlas. Cuando estés preparado, puedes trasladar el punto a la lista de acción adecuada.

Nuestros lectores, clientes y asistentes a seminarios nos dicen que el Repaso Semanal es la herramienta más importante que tienen en su búsqueda de implementar su Plan de Vida. Estamos de acuerdo, pero es importante recordar que es una posible estrategia de repaso. Es efectiva para nosotros, pero otras personas utilizan métodos diferentes. El punto está en encontrar un sistema que funcione para ti. Es nuestra esperanza que encuentres aquí herramientas para poder rendir cuentas ante tu Plan de Vida.

AJUSTA TU PLAN TRIMESTRALMENTE

El secreto para mantenerte por encima de tus prioridades es programar tiempos regulares para el repaso y la reflexión; pero también tiene que haber un tiempo para revisar tu plan o "ajustarlo" a la realidad. El Dr. Cloud dice que este tipo de acción con propósito es lo que permite a las personas remontar.

Aunque puedes hacer esto tácticamente en tu Repaso Semanal, también deberías hacerlo regularmente de una manera más profunda y estratégica. Te recomendamos un Repaso Trimestral formal y programado.

Esta cita contigo mismo es básicamente una versión ampliada del Repaso Semanal. En el Repaso Semanal subes a las copas de los árboles y echas un vistazo al bosque. En el Repaso Trimestral te subes en un globo de aire hasta mil pies para ver cómo encaja el bosque en el paisaje general.

Un Repaso Trimestral es una manera estupenda de asegurar que mantienes el rumbo. Puedes hacer ajustes incrementales en lugar de perder un año entero antes de darte cuenta de que te has desviado. Cómo lo hagas depende de tu personalidad. El artista y el científico lo harán de modo distinto. Pero el propósito sigue siendo el mismo independientemente de cómo lo encares: invertir tiempo en ser más intencional.

Si es posible, recomendamos que intentes irte de la oficina o de tu entorno de trabajo para hacer tu Repaso Trimestral. Querrás alejarte de teléfonos, visitantes, y el ajetreo de la vida en la oficina. Desde luego, también podrías hacerlo un sábado en la mañana. Puede que quieras estar en el mismo lugar donde trabajaste el día de tu Plan de Vida. No tiene que ser bonito, solo relativamente privado y tranquilo.

Piensa bien en la agenda antes de comenzar. Basándote en tu práctica, a continuación tenemos dos puntos que podrías querer considerar:

Repasar tu Plan de Vida. Te alentamos a leer tu plan una vez sin editar nada. Entonces comienza el proceso de revisión. Podrías ajustar el lenguaje de tu Declaración de Propósito o tu Futuro Imaginado. Podrías añadir un versículo de la Biblia o una cita inspiracional. Lo más importante: reevalúa por completo tus realidades actuales y bosqueja compromisos específicos. Intenta hacer esta parte del ejercicio como si fuera la primera vez que haces el ejercicio de la Planificación de Vida.

Escribir metas para el trimestre siguiente. Entonces recomendamos que tomes la revisión de tu Plan de Vida y la traduzcas a metas u objetivos específicos a noventa días. No te estamos pidiendo que crees una larga lista de cosas por hacer, pues eso es demasiado táctico para este ejercicio. En cambio, recomendamos una breve lista de las cinco a siete metas más importantes que puedes lograr en el siguiente trimestre para mover la aguja en tu Plan.

Si te has comprometido a un Repaso Trimestral, sugerimos encarecidamente que los programes con mucha, mucha antelación: unos dos años. Si quieres esperar hasta tener un hueco en tu calendario, nunca lo harás. Establecer citas contigo mismo y programar otras cosas en torno a ellas es la clave para la autogestión proactiva.

REPASA TU PLAN ANUALMENTE

El Repaso Semanal es esencial. El Repaso Trimestral es útil. Pero si realmente quieres mantener vivo tu Plan de Vida, un Repaso Anual es fundamental. Es un tiempo para mirar detenidamente tu plan, evaluar lo que has logrado el pasado año, y determinar dónde quieres ir en el siguiente.

Redactar tu Plan de Vida por primera vez es el mayor reto para casi todo el mundo; pero una vez que lo tienes, es mucho más fácil repasarlo. ¡Ya has levantado el peso pesado!

Recomendamos un día en el último trimestre del año para hacer una "zambullida profunda" en tu Plan de Vida. (En el capítulo anterior también recomendamos actualizar tu Bloque de Tiempo Anual). Hacer esto puede sustituir a tu Repaso Trimestral final. La única diferencia entre el Repaso Trimestral y el Repaso Anual es la cantidad de tiempo que tienes para reflexionar y repasar.

Durante este tiempo vale la pena cuestionar tus suposiciones anteriores:

RESULTADOS

- ¿Hay alguien (persona o grupo) que falte de tu lista?
- ¿Alguien a quien quieres borrar?
- ¿Algo que quieras cambiar sobre cómo esperas ser recordado?
- Prioridades
- ¿Quieres añadir alguna Cuenta de Vida nueva a esta sección?
- ¿Hay alguna que deberías borrar porque ya no es relevante?
- ¿Han cambiado tus prioridades? Si es así, ¿necesitan ser reorganizadas para reflejar eso?

PLANES DE ACCIÓN

- ¿Necesitas crear Planes de Acción nuevos para Cuentas de Vida nuevas?
- ¿Te identificas aún con cada Futuro Imaginado para cada cuenta? ¿Podría ser más expresivo? ¿"Ves" algo de modo distinto a como lo imaginabas originalmente?
- ¿Qué de la Declaración de Propósito para cada cuenta? ¿Podría mejorarse?
- ¿Qué pasa en tu Realidad Actual? ¿Qué has logrado el año pasado y que es aquello de lo que estás más orgulloso? ¿Qué sientes que te deberían haber reconocido pero no lo hicieron? ¿Qué desengaños o lamentos experimentaste este año pasado?

Una de mis semanas favoritas (Daniel) del año es la semana entre Navidad y Año Nuevo. Tengo el privilegio de cerrar la oficina y tomar la semana libre para celebrar, reflexionar y recargar antes del cambio de capítulo hacia el nuevo año. Y uno de mis días favoritos durante esta semana especial lo paso en una pequeña cabaña en la costa de Oregón. Por lo general, el tiempo es tormentoso y es el entorno perfecto para encender la chimenea, preparar una olla de té caliente, y enfocarme en lo que más importa. Es cuando tomo un día entero para repasar mi Plan de Vida y las lecciones del año anterior. Entonces hago los cambios a mi Plan de Vida para el año siguiente.

Ya sea que cambies tu Plan de Vida un poco o mucho, no importa, dado que algunos años podrás cambiarlo más, y otros años menos. Gran parte de ello depende de lo que haya sucedido en el año anterior y dónde esperas ir en el año próximo.

CONCLUSIÓN

"En el trabajo me parece que estoy en una carrera de locos", nos dijo Stan. Pero cuando le preguntamos sobre la familia y el resto de su vida, dijo que esas cuentas estaban en una excelente puntuación de 9,5. Considerando cuán frenéticas son las cosas, sería fácil y comprensible que Stan dirigiera más tiempo hacia su trabajo, pero él se mantiene firme. Cuando le preguntamos, dijo que el Plan de Vida le muestra cuánto invertir en cada área de su vida. Le ayuda a mantener el equilibrio, en particular desde que lo repasa regularmente. Esa es la diferencia. De hecho, nos dijo que no ha visto "otra manera de que las personas hagan seguimiento".

Los resultados de Stan han sido tan beneficiosos que él tiene a toda su familia haciéndolo ahora, incluidos sus padres y sus hermanos.

Hace algunos años, yo (Michael) cambié mi Plan de Vida más que en cualquiera de los diez años anteriores, pero eso fue debido en gran parte a que las circunstancias de mi vida cambiaron de modo muy significativo. La última de nuestras cinco hijas se independizó. Yo hice la transición de mi papel como presidente y director general de Thomas Nelson Publishers, y lancé mi nueva carrera como proveedor de formación en línea. Tuve un conjunto totalmente nuevo de socios de negocios.

Afortunadamente, muchas de mis Cuentas de Vida no cambiaron; mis cuentas espiritual, física, intelectual y lúdica se mantuvieron generalmente igual. Solamente les hice pequeños ajustes, pero dadas mis nuevas circunstancias de vida, tuve que hacer ajustes a mis cuentas familiar y profesional. Yo quería, y necesitaba, un Plan de Vida que fuera convincente. Los repasos semanal, trimestral y anual que hemos sugerido aquí aseguraron que yo estuviera avanzando continuamente hacia un futuro que quería.

10

ÚNETE A UNA REVOLUCIÓN

Siempre se dice que el tiempo cambia las cosas, pero en realidad tú mismo es quien tiene que cambiarlas.

—ANDY WARHOL

Una crisis relacionada con el trabajo puede afectar a nuestra salud, nuestra familia y nuestras finanzas; y lo contrario también es cierto. Una crisis familiar, de salud o económica puede influenciar nuestro trabajo. La cantidad y calidad de nuestro desempeño puede sufrir; pueden perderse proyectos; pueden pasarse por alto presupuestos. Los colegas, quienes con frecuencia no tienen mucho margen, se ven forzados a llenar las brechas.

Aquí está la realidad: tu vida personal es un mito. No hay tal cosa como una vida en compartimientos. Cada área, espacio, categoría y conjunto de relaciones está interrelacionada. Tú eres un todo sin fisuras.

Cuando llegó la Gran Recesión, yo (Michael) experimenté eso de primera mano como el director general de Thomas Nelson Publishers. Como mencioné antes, la empresa pasó por varios despidos para sobrevivir a la crisis. El equipo ejecutivo buscó otras soluciones. Regatearon con proveedores, se pospusieron compras, se recortaron gastos, y lucharon diariamente para mantener el barco a flote y avanzar, pero parecía que no había salida a la vista. Nadie

puede apagar este tipo de estrés junto con las luces de la oficina. Nos llevábamos a casa todo ese estrés y preocupación, lo cual afectaba negativamente a nuestras familias y nuestra salud.

Entendemos que los acontecimientos forman un área de nuestras vidas que repercute en todas las demás áreas. Cuando un Plan de Vida no puede protegernos del impacto de algo tan global como la recesión, puede ayudarnos a evitar muchas heridas autoinfligidas. Al menos tres ideas muy importantes están relacionadas con la comprensión de que no puedes poner tu vida en compartimientos.

La primera es algo que dijimos al comienzo: el autoliderazgo siempre al liderazgo de equipos. Los líderes que construyen culturas y organizaciones que marcan la mayor diferencia son muy conscientes de sí mismos y maduros; invierte tiempo en varias cuentas y viven vidas que son atractivas para aquellos a quienes sirven y lideran.

La segunda es que nuestros equipos nos están observando. Establecen sus niveles de confianza y participación basándose en lo que ven en nuestras vidas. El modo en que los líderes vivimos importa.

Muchos líderes con quienes hemos trabajado han sobresalido al utilizar sus Planes de Vida para ayudarles a mejorar el modo en que influencian y dirigen; pero desgraciadamente, otros no crearon nunca planes para sus vidas, o los abandonaron para enfocarse solamente en sus cuentas profesional o financiera. Por lo tanto, quiénes somos, las decisiones que tomamos, nuestras inversiones de tiempo, talentos y tesoros, mostrarán a quienes nos rodean lo que más valoramos.

La tercera es la siguiente: lo que es cierto para ti es cierto para los miembros de tu equipo. Ellos no pueden poner sus vidas en compartimientos. Los dos primeros puntos deberían dar color al tercero, que es el enfoque de este capítulo: el modo en que utilizas el proceso de Planificación de Vida puede empoderar a tu gente y fortalecer tu organización.

LOS BENEFICIOS DE LA PLANIFICACIÓN DE VIDA EN EL NEGOCIO

Empresas por todo el planeta están comenzando a ver que las vidas personal y de trabajo de los individuos son inseparables. Muchos están alentando a sus empleados a desarrollar Planes de Vida por escrito, y les están dando la formación que necesitan para hacerlo. Esas empresas se están beneficiando en tres maneras concretas:

1. *Ayudar a los empleados a hacer planificación de futuro comunica tu interés.* Los empleados que trabajan para ti tienen sueños, esperanzas y aspiraciones. Cuando fomentas la Planificación de Vida, esencialmente estás diciendo: "Queremos ayudarte a alcanzar tus metas y sueños. Sabemos que eso implica tu empleo, pero también sabemos que es más de lo que haces en el trabajo".

Chick-fil-A ha sido un cliente maravilloso de *Building Champions* por muchos años. La relación comenzó cuando fuimos *coaches* de algunos líderes en su organización, y ha crecido hasta llegar a cientos de relaciones de *coaching*. Su liderazgo ha sido tan impactado por la Planificación de Vida que ahora es una parte de su formación para todos los nuevos dueños de restaurantes. Varias veces al año, uno de nuestros *coaches* les acompaña para guiar a grupos de nuevos dueños por el proceso de crear sus propios Planes de Vida. Ellos creen totalmente que el autoliderazgo siempre precede al liderazgo de equipos.

De manera similar, Marc Laird, director general de la firma bancaria nacional de hipotecas *Cornerstone Home Lending*, decidió varios años atrás que las ganancias personales que recibió del proceso de Planificación de Vida podrían beneficiar a sus empleados. Por lo tanto, *Building Champions* le ayudó a crear una estrategia para llevar la Planificación de Vida a sus más de mil compañeros de trabajo.

Cornerstone hizo que el *coach* de *Building Champions* fuera a sus mercados más grandes para llevar a sus compañeros de equipo y clientes clave por el proceso. Marc también grabó videos para todos los nuevos empleados, alentándolos a tomar un día libre para crear sus planes. También hizo que yo (Daniel) grabara varios videos de Planificación de Vida que ahora están almacenados en su intranet como un recurso de equipo. Además, Marc hizo que *Building Champions* ayudara con los retos de equipo y ayudara también a sus compañeros de equipo a poner en práctica sus planes.

Todd Salmans, director general de *Prime Lending*, es otro líder que considera clave la Planificación de Vida para construir un equipo de alto rendimiento. Sus organizaciones subsidiaron la inversión del *coaching* de *Building Champions* para cientos de sus compañeros de equipo. También colaboraron con *Building Champions* para crear una experiencia de *coaching* privada de cuatro días para 250 de sus gerentes y líderes. Todo el mundo pasa el primer día trabajando en sus Planes de Vida.

Y esta es otra historia valiosa más sobre utilizar la Planificación de Vida para cuidar de las personas que trabajan contigo: Brian McKay es el vicepresidente y jefe de operaciones de *SC Telco Federal Credit Union*, en Greenville, Carolina del Sur. Se convirtió en un planificador de futuro en 2011 después de leer sobre ello en mi blog (Michael). Tuvo un impacto tan radical en su propia vida que lo compartió con otros ejecutivos en la oficina empresarial, incluido su director general, Steve Harkings, quien vio inmediatamente el potencial para toda la fuerza laboral.

Ellos me llevaron a la reunión anual de todos los empleados para dar una sesión de formación de tres horas a todos, desde los altos ejecutivos hasta el departamento de correo. Después de la reunión, Brian nombró un comité para promocionar la Planificación de Vida en la organización, utilizando el boletín de la empresa para relatar historias de empleados que estaban teniendo éxito en la Planificación de Vida. Ofrecían ayuda y apoyo en pequeños grupos, y respondían preguntas a medida que iban surgiendo.

Un año después, *SC Telco* volvió a invitarme para realizar una sesión de seguimiento en la reunión anual de todos los empleados. Además de hacer una revisión y compartir mejores prácticas, entrevisté a dos empleados que tenían historias significativas de éxito en la Planificación de Vida. "Lo principal que me llevé del proceso de Planificación de Vida es saber que trabajo para una empresa que quiere que yo esté contento y sea productivo en cada área de mi vida", dijo uno de ellos, conforme con el banco. "¡Eso es un regalo!".

2. *Ayudar a los empleados a hacer Planes de Vida asegura que sean productivos en el trabajo.* Cuando los empleados participan en la Planificación de Vida, tienen menos probabilidades de que algo como una crisis de salud o el conflicto matrimonial los distraigan en el trabajo. Pueden estar más plenamente presentes en el trabajo y enfocarse en las tareas que tienen a mano.

La Dra. Melanie Lankay, de la Universidad de Wake Forest, colaboró con *Building Champions* para evaluar el impacto. Uno de los descubrimientos clave de su investigación, que no fue ninguna sorpresa para nosotros, es que "la satisfacción en la vida está relacionada positivamente con la satisfacción en el trabajo y todas las medidas de desempeño". Dicho de otro modo, quienes se sienten satisfechos con sus vidas personales están más satisfechos con sus carreras profesionales y rinden mejor.

3. *Ayudar a los empleados a hacer Planes de Vida los empodera para estar más inmersos en el trabajo.* Cuando los empleados trabajan para lograr pasión y progreso en cada área de la vida, tienen menos probabilidad de ser cínicos o apáticos. Tienen los recursos emocionales para invertir en su trabajo y en los clientes a quienes sirven.

Hemos oído de parte de incontables clientes que tras completar sus Planes de Vida están más enfocados, presentes e inmersos en el trabajo. No están preocupados acerca de lo que no están haciendo o deberían estar haciendo en otras áreas críticas de sus vidas, porque su Plan de Vida les proporciona el marco para manejar también esas cosas. Proporciona la estructura que les libera para prestar atención a sus compañeros de equipo, clientes, proyectos y tareas sin pensamientos que les distraen o la culpabilidad de descuidar otra área de sus vidas.

Y aquí está la razón de que sea importante en última instancia: cuando los empleados se sienten valorados, y son más productivos y participativos, crean una cultura que puede ser verdaderamente una ventaja estratégica en el ambiente competitivo actual.

EL PROCESO DE IMPLEMENTACIÓN CORPORATIVA

Es de esperar que a estas alturas estés convencido de que la Planificación de Vida podría beneficiar a tu organización. Nos gustaría compartir siete mejores prácticas para implementarla.

1. PRACTICA ANTES DE PREDICAR.

Se dice que San Francisco de Asís afirmó: "Predica el evangelio en todo momento, y cuando sea necesario utiliza palabras". Nada habla más alto que nuestras vidas. Cuando predicamos lo que no practicamos, las personas nos consideran hipócritas. Ese no es el resultado que perseguimos.

Por otro lado, cuando practicamos lo que predicamos, especialmente antes de predicarlo, proporcionamos evidencia de que lo que estamos defendiendo realmente funciona. Todos hemos tenido esa experiencia cuando un amigo o compañero de trabajo decide bajar de peso. Su estrategia es mucho más convincente *después* de haber perdido veinte kilos.

2. TEN A TU LADO A TU LIDERAZGO.

Estar alineados es esencial en cualquier iniciativa importante en las empresas, pero es especialmente relevante aquí. Algunos ejecutivos están condicionados a creer que tiene que haber una clara distinción entre la vida personal y laboral de la persona. Mientras crean eso, será difícil conseguir su apoyo.

Por eso, por lo general aconsejamos una introducción por etapas. Primero compra el libro para tu equipo ejecutivo, y haz que participen en el proceso. Incorpora formación exterior si es necesario. Querrás que tu equipo de liderazgo se familiarice con el proceso y también lo practique antes de intentar implementarlo en toda la fuerza laboral.

Pero estas son unas palabras de precaución: haz que sea opcional. Hemos visto que la estrategia falla cuando se introduce como un mandato en lugar de ser una invitación. En relación con el punto 1 anterior, se ha implementado con más éxito cuando los cambios en la vida del líder se hacen notables, y su pasión por la Planificación de Vida causa que quienes le rodean quieran lo que él tiene.

3. APARTA MEDIO DÍA PARA FORMACIÓN.

Es aquí donde comienza a ponerse divertido, y también es aquí donde comienzas a comunicar a los compañeros de equipo que te tomas en serio esto de la planificación del futuro y estás dispuesto a invertir dinero en lo que dices. Puedes proporcionar esta formación de una de tres maneras. Las hemos organizado desde la menos cara a la más cara:

- Enseña mediante el libro utilizando la guía de estudio de grupos (se encuentra en línea en LivingForwardBook.com).

- Compra el curso de formación Living Forward Experience y dirige a los empleados en él.
- Invita a uno de nuestros *coaches* a dirigir una experiencia de Planificación de Vida fuera de la oficina.

4. DA A TODOS UN EJEMPLAR DEL LIBRO.

Probablemente esperarías que dijéramos esto, pero realmente creemos en el poder de los libros para difundir ideas. Hemos intentado que sea relativamente breve y concreto. Nuestra esperanza es que quienes no son les lectores lo comiencen y lo terminen. Hay disponibles descuentos por cantidad directamente de la editorial en ediciones impresas y digitales. Te alentamos especialmente a esto en conjunto con una experiencia de formación tal como hemos bosquejado en el punto 3 anterior.

5. OFRECE A LOS EMPLEADOS TIEMPO LIBRE ADICIONAL REMUNERADO.

Algunas empresas dan a sus empleados un día completo para trabajar en su Plan de Vida. La ventaja de esto es que realmente aparta la excusa de que el empleado no tiene el tiempo. Una posible desventaja es que él o ella no pondrán entusiasmo. Si sigues esta opción, te alentamos a incorporar en el proceso algún tipo de rendimiento de cuentas. Podría ser algo tan sencillo como una hoja que ellos firmen indicando que terminaron el proceso de Planificación de Vida. También podría requerir que firme un colaborador que ellos mismos escojan. Independientemente de eso, pocas personas abusan del privilegio de tener tiempo libre para completar su Plan de Vida. En nuestra experiencia, la mayoría de empleados están genuinamente agradecidos y se toman el día en serio.

Otras empresas han ofrecido un sistema híbrido en el que la empresa aporta medio día de tiempo libre remunerado y el empleado utiliza medio día de su tiempo libre remunerado ya existentes. La ventaja es que ellos sí tienen el entusiasmo. La desventaja es que esto puede ser un poco más complicado de administrar, y probablemente habrá menos interesados.

Sugerimos que pruebes tu plan con un grupo piloto para obtener información sobre lo que funciona mejor en tu cultura. Cuando elimines los obstáculos, entonces puedes introducirlo en más departamentos o incluso en toda la empresa.

6. PROVEE ÁNIMO Y APOYO.

Este es quizá el paso más importante. Lo que sucede después de que las personas desarrollan un Plan de Vida es críticamente importante. Tener y vivir un Plan de Vida son dos cosas diferentes. La meta no es simplemente crear un documento, ponerlo en un archivo y olvidarse. La meta es tener empleados contentos y productivos que estén persiguiendo pasión y progreso en cada área de sus vidas.

Puedes proveer aliento y apoyo continuados de diversas maneras:

- Nombrar un comité para dirigir la Planificación de Vida para implementar el proceso.
- Destacar historias de éxito en el boletín de tu empresa, en reuniones de empresa y en otros ámbitos públicos.
- Establecer un sistema de grupos de apoyo, parecido a como lo hacen *Weight Watchers*, con reuniones voluntarias semanales o quincenales.
- Incluir el día de Plan de Vida en el manual de beneficios de tu empleado y dirigir a todos los nuevos empleados en el proceso.

- Crear una videoteca de consejos y testimonios de tu equipo sobre el Plan de Vida.
- Organizar un tiempo regular para que tu equipo repase sus Planes de Vida y obtengan coaching.

7. CONSIDERA OFRECER RECURSOS DE VIDA ADICIONALES.

Para ver realmente progreso en sus Cuentas de Vida, las personas necesitan motivación, educación y formación. Podrías decidir proporcionar esas cosas como parte de un currículum de vida más amplio. Por ejemplo, muchas empresas ponen a disposición de sus empleados programas como *Weight Watchers*, membresía en un gimnasio o programas similares como manera de mejorar la salud general de la fuerza laboral. En *Building Champions*, por ejemplo, colaboramos con los compañeros de equipo en nuestra oficina corporativa para alentarlos a utilizar el gimnasio o participar en nuestro plan de alimentos saludables.

Varios de nuestros clientes han incorporado el programa *Financial Peace* (Paz Financiera), de Dave Ramsey, para ayudar a los empleados a salir de la deuda y experimentar libertad financiera. Con frecuencia, esto tiene un impacto dramático y casi inmediato en la productividad de las personas en el trabajo. Muchos sienten por primera vez que están realizando algún progreso financiero, y su trabajo desempeña un papel clave en eso.

Otros han incorporado varios programas de formación matrimonial, como *Los Cinco Lenguajes del Amor*, de Gary Chapman. Tienen la ventaja añadida de involucrar directamente a los cónyuges. *Building Champions* y varios de sus clientes han tenido un gran éxito invitando a compañeros de equipo a retiros matrimoniales ya sean creados por nosotros o dirigidos por otras organizaciones con esta experiencia. Algunas empresas han incorporado programas de educación de los hijos como *Foster Cline* y *Parenting with Love and*

Logic (Cómo educar a los hijos con amor y lógica), de Jim Fay. Prestar atención a áreas relacionadas con la familia como estas también puede tener un impacto positivo en la productividad en el trabajo.

Lo principal es considerar todo esto como algo que es parte de un programa continuado. La Planificación de Vida proporciona el cimiento, pero las personas necesitan recursos adicionales si realmente quieren tener éxito.

LO QUE REALMENTE BUSCAMOS

Puede que esto suene grandioso, pero lo que queremos es cambiar el mundo. Si has llegado hasta aquí en el libro, creemos que compartes nuestra meta, pero todos sabemos que ese cambio no llegará debido a nuevas iniciativas políticas, avances científicos y tecnológicos, o una educación mejor o más accesible. Todas esas cosas podrían desempeñar un papel, pero ninguna de ellas es suficiente.

La transformación real se produce cuando las personas se hacen responsables de sus propias vidas y comienzan a vivir intencionalmente en cada área. Cuando comienzan a recuperar su pasión y comienzan a ver progreso, sus vidas cambian. Personas cambiadas dan como resultado familias, escuelas, sinagogas, iglesias, empresas y gobiernos cambiados. Y cuando eso sucede, comienzas a transformar la cultura de maneras profundas y permanentes.

Por lo tanto, ahora que este libro se acerca a su fin, te invitamos a ayudarnos a lanzar una revolución de Planificación de Vida. Queremos ayudar a personas a experimentar la diferencia que puede marcar un poco de planificación e iniciativa, para ellos mismos, sus seres queridos, y todo lo que aprecian.

¿Quieres unirte a nosotros? La revolución de Planificar Tu Vida comienza *contigo*.

CONCLUSIÓN

LA DECISIÓN ES TUYA

Esforcémonos por vivir de tal modo que cuando lleguemos a la muerte, incluso el enterrador lo lamente.

—MARK TWAIN

Has llegado a un punto crítico en tu viaje del Plan de Vida. Sabes lo que necesitas saber. Te hemos dado la inspiración, la formación y las herramientas que necesitas para crear tu propio Plan. Pero en definitiva, la decisión es tuya.

Puedes seguir a la deriva y correr el riesgo. Como vimos en el capítulo 1, las probabilidades no están a tu favor. Sin un Plan de Vida, lo más probable es que termines lejos de donde esperabas estar, lamentando las decisiones o la inacción que moldean tu vida. O puedes remangarte y ponerte serio en cuanto a este regalo llamado Vida. La decisión es tuya.

Recordamos una historia que oímos sobre un sabio anciano que vivía en las montañas del Himalaya. Periódicamente se aventuraba a bajar hasta la ciudad local para entretener a los lugareños con su especial conocimiento y talentos. Una de sus habilidades era decirles leyendo su mente el contenido de lo que había en sus bolsillos, cajas o mentes.

Unos muchachos decidieron hacerle una broma al anciano y desacreditar sus habilidades especiales. A uno de ellos se le ocurrió la idea de capturar un pájaro y ocultarlo en sus manos. Sabía, sin duda, que el hombre sabría que el objeto que tenía en sus manos era un pájaro.

El muchacho tramó un plan. Sabiendo que el anciano sabio diría correctamente que el objeto que tenía en sus manos era un pájaro, el muchacho le preguntaría al hombre si el pájaro estaba vivo o muerto. Si el sabio decía que el pájaro estaba vivo, el muchacho lo aplastaría entre sus manos para que cuando las abriera, el pájaro estuviera muerto. Pero si el hombre decía que el pájaro estaba muerto, el muchacho abriría sus manos y soltaría al pájaro para que volara. A pesar de lo que dijera el hombre, el muchacho demostraría que su habilidad era un fraude.

La semana siguiente, el hombre descendió desde la montaña hasta el pueblo. El muchacho rápidamente cazó un pájaro, lo ocultó entre sus manos poniéndolas a su espalda, se acercó al anciano sabio y le preguntó: "¿Qué es lo que tengo entre mis manos?".

El hombre dijo: "Tienes un pájaro, hijo".

El muchacho entonces preguntó: "Dígame, ¿está vivo o muerto el pájaro?".

El anciano sabio miró al muchacho y respondió: "El pájaro está como tú decidas que esté".

Lo mismo pasa con tu vida. El poder está en tus manos. Se te ha entregado un gran regalo: tu vida. ¿Qué harás con ella?

RECONOCIMIENTOS

Este libro nunca se habría producido si no hubiera sido por la dedicación de personas, directa e indirectamente, que contribuyeron a su mensaje. Aunque estamos seguros de que olvidaremos mencionar el nombre de muchos, en especial nos gustaría dar las gracias a las siguientes personas.

Michael reconoce y agradece a:

- Mi esposa Gail, por ser mi compañera de vida durante treinta y siete años. Ella siempre es rápida para creer lo mejor y olvidar lo peor. Es la primera persona a la que quiero ver cada mañana y la última persona a la que quiero ver cada noche. La amo más de lo que las palabras pueden expresar.
- Mis cinco hijas y (hasta ahora) cuatro yernos, que causan un gran gozo y satisfacción en mi vida. Estoy muy orgulloso de lo que ha logrado cada uno de ellos al ganar en el trabajo y tener éxito en la vida.
- Mi papá y mamá, que ahora viven cerca. Aunque tienen más de ochenta años, nunca los oigo quejarse de *nada*. Son dos de las personas más positivas y alentadoras que conozco. Ellos proveyeron todo lo que yo necesitaba para llegar a ser el hombre que ahora soy.
- Mis compañeros de equipo en *Intentional Leadership, LLC,* incluidos Suzie Barbour, Andrew Buckman, Chad Cannon, Kyle Chowning, Sylvette Gannon, Madeline Lemon, Stu McLaren, Megan Miller, Joel Miller, Suzanne Norman, Raquel Newman, Mandi Rivieccio, Danielle Rodgers, y Brandon Triola. Su

compromiso a perseguir lo que más importa me inspira cada día. Me han permitido enfocarme en lo que mejor hago mientras ellos se ocupan del resto.

- Mis *coaches* que me han enseñado a crear resultados extraordinarios para mi vida y mi trabajo, incluidos Daniel Harkavy, Dan Meub, Ilene Muething, Dan Sullivan, y Tony Robbins. Ustedes han moldeado mi pensamiento más de lo que creen.
- Mis queridos amigos, Ken y Diane Davis, que me permitieron pasar un mes en su cabaña en las Rocosas en Colorado para así poder formar el primer borrador de este libro. Este libro no se habría producido sin su generosidad.
- Finalmente, me gustaría dar las gracias a mi querido amigo Daniel Harkavy, el primero en enseñarme sobre la Planificación de Vida, me guio en el proceso, y me hizo rendir cuentas de los resultados. Él es un testimonio vivo del poder de una vida vivida con propósito.

Daniel reconoce y da las gracias a:

- Sheri, mi hermosa esposa durante veintisiete años. Tú has sido "ella", ¡desde que te vi por primera vez a los once años de edad! Tú has sido mi mayor animadora, mi mejor amiga, y la que me completa tan maravillosamente. Gracias por alentarme siempre a vivir mi Plan de Vida. SHMILY.
- Mis hijos, Ali, Dylan, Wesley y Emily. ¡Ustedes hacen que mi vida sea muy rica y divertida! Ha sido una bendición ser su papá, ¡y tenerlos ahora como nuestros mejores amigos! ¡Les amo mucho y estoy muy orgulloso de quiénes son ustedes!
- Todos los niños adicionales que han acampado en nuestra casa. Compartir la vida, comidas y aventuras con ustedes ¡ha sido asombroso!

- Mis padres, Mel, Lynne, y mi segunda mamá/suegra Gloria y todos nuestros hermanos y sus fantásticos hijos. Nunca subestimen cuánto les amo y les aprecio.
- A mi asombrosa asistente ejecutiva y segundo cerebro, Lynne Brown. Tu modo de servir y ayudarme a liderar bien y vivir mi Plan de Vida es impresionante. Tú marcas diferencias, ¡y la familia Harkavy está muy agradecida por ti!
- Todo el equipo de *Building Champions*. Cada uno de ustedes desempeña un papel significativo en el trabajo que hacemos. Ustedes han contribuido al mensaje de este libro mientras han dirigido a nuestros muchos clientes por este proceso a lo largo de las dos últimas décadas. ¡Es un gozo hacer todo esto con ustedes! Gracias, Todd Mosetter, por el trabajo que hiciste en este libro. Me ayudaste a mejorarlo.
- Nuestros miles de clientes y amigos de *Building Champions* que han pasado por este proceso y han ayudado a validar el impacto que Planifica Tu Vida puede tener en la vida de la persona.
- El primer hombre que me presentó el concepto de Planificación de Vida, mi amigo Todd Duncan. ¡Gracias por compartir conmigo este regalo transformador!
- Y finalmente, me gustaría dar las gracias a mi amigo y compañero en este proyecto: Michael Hyatt. Tu corazón humilde, tu apetito voraz de crecer, y tu espíritu increíblemente abundante han hecho que trabajar en este proyecto sea una experiencia maravillosa.
- Y finalmente, damos las gracias a:
- Joel Miller, nuestro investigador y editor en este proyecto. Trabajó de modo incansable en el manuscrito, entretejiendo

nuestras voces para formar un todo sin fisuras. No podríamos haber finalizado este proyecto sin él.

- Nuestros agentes literarios, Rick Christian y Bryan Norman, de *Alive Communications*, que creyeron en este proyecto desde el principio y ayudaron a encontrar una editorial que compartiera nuestra visión.
- Nuestro editor de adquisiciones, Chad Allen; revisora de textos, Barb Barnes; y todo el equipo de *Baker Books* que ha creído en este proyecto y trabajó con nosotros como verdaderos colaboradores.
- ¡Es nuestra esperanza que este mensaje y proceso impacten positivamente a muchos!

GUÍA RÁPIDA DE PLANIFICACIÓN

¿Estás listo para dedicar un día a construir tu Plan de Vida? Este es un compromiso importante, y para ayudarte a aprovechar al máximo ese tiempo hemos creado esta Guía Rápida de Planificación para refrescarte la memoria sobre todos los puntos principales y mantener un ímpetu positivo a medida que avanzas.

INDICADORES ÚTILES

Aparta el día en tu calendario y haz saber a toda persona importante (esposa, jefe, etc.) que no vas a estar disponible. Escoge una ubicación adecuada, toma todo lo que necesites para escribir y mantenerte enfocado, y decide no estar en línea.

Al comenzar, recuerda mantener una actitud mental positiva, pues estás trazando un rumbo hacia tu futuro imaginado. Este es un tiempo para estar agradecido, expectante y abierto. Confía en el proceso y escucha a tu corazón. No hay respuestas correctas o incorrectas. Lo único que tienes que hacer es pensar, imaginar, y escribir sobre algo que te importan profundamente: *tu vida*.

El resto es tan sencillo como seguir estos cinco pasos claramente marcados.

PASO 1: REDACTA TU ELEGÍA

El primer paso en la Planificación de Vida es considerar dónde quieres terminar. Nadie planea un viaje sin escoger un destino.

Para nosotros, eso significa redactar tu propia elegía. ¿Cuál será tu legado? ¿Qué significará tu vida a los más cercanos a ti? ¿Qué recordarán ellos sobre ti? ¿Cómo habrá tenido impacto tu vida en la de ellos?

Podría parecer abrumador, pero este primer paso es fundamental. Hará que participe no solo tu cabeza sino también tu corazón. Un modo fácil de comenzar es enumerar a todas las personas que quieres recordar: cónyuge, familiares, amigos, compañeros de equipo, y otros. Después enumera cómo quieres ser recordado por cada uno de ellos: leal, valiente, amable, siempre deseoso de ayudar... como más quieras ser recordado.

Cuando tengas esos elementos, puedes integrarlos en tu elegía. Para ver cómo lo han hecho otros, puedes adelantarte a los ejemplos de Plan de Vida de la sección siguiente. La clave es redactarlo como si tu funeral se realizara hoy y no en alguna fecha futura. Al escribirlo como si se estuviera diciendo hoy tu elegía, puedes comenzar a pensar en lo que será necesario para que esos recuerdos imaginados sean reales.

PASO 2: ESTABLECE TUS CUENTAS DE VIDA

Como ya has escrito tu elegía, ya tienes un comienzo para esto. Cómo y por quién quieres ser recordado debería comenzar a informar qué Cuentas de Vida estableces.

A continuación tenemos algunas categorías amplias con las que trabajar: espiritual, matrimonial, parental, social, financiera y personal. Puedes ver una lista más detallada y cómo podrían cobrar forma las cuentas en las páginas anteriores. Puedes tener desde cinco hasta llegar a doce. La mayoría de personas terminan con unas nueve. Una lista de comienzo podría parecerse a la siguiente:

- ✓ Tú
- ✓ Fe
- ✓ Salud
- ✓ Cónyuge
- ✓ Hijos
- ✓ Finanzas
- ✓ Amigos
- ✓ Trabajo
- ✓ Pasatiempos

Deberías personalizar tu lista para que funcione bien para ti.

PASO 3: DETERMINA EL ESTADO DE TUS CUENTAS

Piensa en tus Cuentas de Vida como cuentas bancarias. ¿Cuál es el balance en cada una? ¿Tienes lo que necesitas en cada una, o tienes poco? ¿Has invertido en exceso en el trabajo, por ejemplo, y muy poco en la familia? Ese es un problema típico, y este paso está pensado para identificar esos problemas en todas tus cuentas.

PASO 4: PRIORIZA TUS CUENTAS DE VIDA

Todos tenemos prioridades, pero no siempre tenemos claro cuáles son, ¿cierto? Es fundamental que decidamos qué cuentas importan más para que así puedan determinar nuestras acciones. ¿Dónde encaja realmente el trabajo en el esquema general de las cosas, y en tu familia, tus amigos, tu comunidad, tu iglesia? Cuando no tenemos claro qué es lo que más importa, es fácil dar nuestra atención a lo que simplemente la demanda más.

Y aquí tenemos un consejo. Puede ser muy útil situar en lo más alto a ti mismo y tu cuidado. Es demasiado fácil descuidar lo que hace posible todo lo demás.

PASO 5: LLENA CADA CUENTA

El modo más eficaz de trabajar con tus Cuentas de Vida es crear un Plan de Acción para cada una. Estas cinco secciones te ayudarán a llegar desde donde estás en este momento a donde quieres estar en cada una de estas áreas clave de tu vida:

1. Bosqueja una declaración de propósito que identifique tu papel y responsabilidad en esta cuenta.
2. Imagina un futuro en el cual esta cuenta está en números negros. Usa el tiempo presente y anota cómo se ve.
3. Incluye una cita inspiradora o versículo que te ayude a conectar emocionalmente con tu propósito y el futuro que has imaginado.
4. Declara tu realidad actual, sea buena, mala o fea. Mientras más sincero seas, más fácil es ver lo que necesita cambiar.
5. Finalmente, haz compromisos específicos que detallen las acciones que necesitas emprender para llevarte desde tu realidad actual hasta tu futuro imaginado.

En este último punto, sé SMART: asegúrate no solo de ser eSpecífico, sino también de que tus compromisos sean Medibles, fActibles, Realistas y limitados en el Tiempo. Querrás incluir estas cosas para poder ponerlas en tu calendario o en la lista de quehaceres de mañana.

Recuerda: miles de personas ya han creado sus Planes de Vida y están cosechando las recompensas. También tú puedes hacerlo. Consulta la siguiente sección para ver algunos ejemplos útiles.

Visita nuestro sitio web en LivingForwardBook.com para los siguientes recursos:

- Perfil de Evaluación de Futuro™

- Esquemas de Plan de Vida
- Herramienta de Semana Ideal
- Herramienta de Bloque de Tiempo Anual
- Ejemplos de Plan de Vida
- Y mucho más

EJEMPLOS DE PLAN DE VIDA

Es siempre más fácil hacer algo nuevo si antes podemos ver hacerlo a otra persona. Queríamos hacer eso por ti y reunir cuatro Planes de Vida distintos de clientes de *Building Champions*. A medida que leas, obtendrás una sensación de sus vidas y esperanzas individuales, además de los diversos retos que todos ellos afrontan.

Cada uno es un poco distinto, y no solo en los detalles de sus vidas. Cada uno construye su plan para que encaje en sus necesidades, entrando en tanto detalle y siguiendo el formato tanto como lo crea necesario. Algunos son extensos, otros son breves, y otros más están en el medio. Todos son de hombres y mujeres que están en distintas etapas de la vida y lugares en sus carreras profesionales.

Tienen sus perspectivas y enfoques únicos de la vida, pero también tienen algo en común. Todos ellos saben que vivir intencionalmente es la manera más eficaz de experimentar el tipo de vida que desean. Igual que con muchos de los ejemplos previos en el libro, hemos cambiado los nombres y los detalles para proteger la intimidad de las personas. También los hemos editado para tener coherencia y estilo, pero hemos intentado que brille su carácter único.

Esperamos que encuentres no solo dirección adicional en estos cinco ejemplos sino también libertad para construir tu propio plan que encaje en tu vida.

Tenemos muchos más ejemplos en nuestra galería de Planes de Vida en LivingForwardBook.com. Incluso puedes buscar para encontrar los planes que encajen mejor en tu propia situación.

TOM

ELEGÍA

Fecha de nacimiento: 5 de marzo de 1968

Fecha de defunción: 6 de marzo de 2068

Tom era conocido como un hombre familiar cuya misión en la vida era impactar positivamente las vidas de los niños. Él y su esposa Lisa, hicieron de sus hijos, nietos y bisnietos prioridades en sus vidas. Lisa era el amor de su vida, y pasaron muchos días juntos con amor y risas, como pareja y también con su asombrosa familia.

Los tres hijos de Tom lo tenían encantado desde el día en que nacieron. Él entrenó a muchos de sus equipos de básquet y béisbol cuando eran pequeños, enfatizando siempre las mismas lecciones: diviértanse, muévanse deprisa, y muestren buena deportividad. Sus hijos nunca olvidaron esas lecciones y se dieron cuenta de que eran aplicables no solo a los deportes sino también a la vida: diviértanse, trabajen duro, y traten a los demás con amabilidad y respeto.

Tras una larga carrera en la industria de las hipotecas, incluidos veinte años como dueño de una próspera empresa de hipotecas, Tom llegó a ser un exitoso entrenador de básquet de la secundaria. Cientos de los jugadores a los que entrenó asistieron a su funeral, principalmente porque él se interesaba por ellos más como personas que como deportistas.

El término *balance en la vida* es uno en el que Tom creía sinceramente. Se esforzaba por inculcar la importancia del balance a todo aquel que conocía, y su vida era un ejemplo para los demás.

PLANES DE ACCIÓN

CUENTA 1: LISA

PROPÓSITO:

Tengo una increíble compañera de vida en Lisa. Es hermosa, reflexiva, comprensiva, inteligente, divertida, atlética, y una amante de los deportes. Contribuir a su felicidad, éxito y logros me produce una cantidad asombrosa de gozo. Trabajamos juntos para construir una familia fuerte, feliz y con propósito.

VISIÓN A LARGO PLAZO:

Lisa y yo seguimos teniendo citas regularmente ahora y cuando tengamos el nido vacío. Seguiremos trabajando como un equipo hacia metas y sueños, al igual que mejorando nuestra felicidad día a día. Seguiremos teniendo un matrimonio amoroso y apasionado que es capaz de soportar cualquier turbulencia.

METAS A CORTO PLAZO/COMPROMISOS ESPECÍFICOS:

1. Dedicaré al menos dos noches por mes como "noches de cita" con Lisa. Esta noche la pasaremos sin los niños.

2. Pasaré "tiempo de quietud" (vaso de vino, caricias, etc.) con Lisa al menos tres veces por semana.
3. Mi familia y yo tomaremos al menos cinco vacaciones (de fin de semana o más) fuera de nuestra ciudad cada año.
4. Mi familia y yo tendremos una experiencia de mucha diversión cada trimestre.

CUENTA 2: SARAH, SAM Y JOHNNY

PROPÓSITO:

Se me ha entregado el más asombroso de los regalos en la tierra. ¡Nuestros hijos son geniales! Haré todo lo posible por amar y nutrir a Sarah, Sam y Johnny y asegurar que crezcan en un ambiente seguro, divertido, positivo y sano.

VISIÓN A LARGO PLAZO:

Tendré relaciones estupendas con mis hijos. Ellos estarán físicamente y emocionalmente sanos y felices, y aportarán cosas positivas a mi vida, a la vida de Lisa, y lo más importante, a la sociedad.

METAS A CORTO PLAZO/COMPROMISOS ESPECÍFICOS:

1. Seguiré entrenando los equipos de béisbol y básquet de cada hijo. Pasaré un día/semana en la escuela con Johnny.
2. Leeré tres libros y/o asistiré a tres clínicas por año relacionados con temas sobre desarrollo infantil, cómo motivar a los niños, *coaching*, etc.

3. Tendré una noche de cita (tiempo individual fuera de la casa) cada mes con Sarah, Sam y Johnny.
4. Pasaré el día con cada niño individualmente en su medio cumpleaños, participando en actividades que ellos escojan.

CUENTA 3: SALUD FÍSICA

PROPÓSITO:

Estoy en una forma física general excelente. Mi dieta y programa de ejercicio han sido examinados detalladamente. Como alimentos, me ejercito y duermo de una manera que contribuye a una vida larga y saludable y me da la energía necesaria a lo largo del día que me permite ser un estupendo esposo, padre, líder y amigo.

VISIÓN A LARGO PLAZO:

Seguiré supervisando mi salud regularmente. Podré realizar las mismas actividades físicas a los cincuenta que puedo hacer a los cuarenta. Mis chequeos físicos anuales muestran resultados estupendos. Completo un Triatlón Ironman anualmente.

METAS A CORTO PLAZO/COMPROMISOS ESPECÍFICOS:

1. Entreno al menos siete veces por semana.
2. Completaré un Triatlón Ironman para 2013.
3. Cada año haré que un profesional de la salud evalúe mi dieta y mi salud.
4. Estaré en la cama a las 10:30 cada noche.

CUENTA 4: ÉXITO PROFESIONAL

PROPÓSITO:

Mis logros en el mundo profesional permiten a mi familia obtener seguridad financiera y me permiten actuar como un mentor y líder para todos mis empleados.

VISIÓN A LARGO PLAZO:

A los cuarenta y siete años tengo la capacidad de vender mi empresa (más probablemente a mis empleados) al menos por 3 millones de dólares. Podré decidir dedicar mis horas de trabajo a aportar a las vidas de niños.

METAS A CORTO PLAZO/COMPROMISOS ESPECÍFICOS:

1. Crearé una visión de negocio, un plan de negocio, y un plan de reclutamiento/retención, e incorporaré esas ideas a mis actividades diarias.
2. Me pondré totalmente a disposición de todos los empleados para preguntas, coaching, estructuración de tratos, etc.
3. Leeré doce libros por año dedicados a temas relacionados con los negocios.

CUENTA 5: SEGURIDAD FINANCIERA

PROPÓSITO:

Alcanzaré libertad financiera a la edad de cuarenta y siete años, permitiéndome dedicar más tiempo a aportar a las vidas de mis hijos sin preocuparme por las implicaciones financieras de esa decisión.

VISIÓN A LARGO PLAZO:

A los cuarenta y siete, mi familia y yo viviremos en un hogar con una cancha de básquet interior. A los cuarenta y cinco, nuestro valor neto, sin incluir mi negocio, será al menos de 2 millones de dólares; a los cuarenta y siete, nuestro valor neto será al menos de 3 millones de dólares.

METAS A CORTO PLAZO/COMPROMISOS ESPECÍFICOS:

1. Lisa y yo nos reuniremos con nuestro asesor financiero dos veces al año para repasar nuestras estrategias financieras y hacer los ajustes necesarios.
2. Calcularé el valor neto de mi familia cada mes de diciembre.
    - El valor neto de nuestros bienes raíces debería aumentar al menos un 10 por ciento cada año (por apreciación de propiedades y disminución en cantidades debidas de la hipoteca).
    - El valor neto de nuestras acciones y el efectivo (fondos mutuos, cuenta de reparto de ganancias, 401[k], cuentas corrientes) debería aumentar al menos un 10 por ciento cada año (por aportaciones añadidas y aumento de la inversión).

CUENTA 6: AMISTADES

PROPÓSITO:

Mis amigos me han ayudado en los altibajos de mi vida. Tengo muchas amistades estupendas, y quiero poder aportar positivamente a las vidas de mis amigos.

VISIÓN A LARGO PLAZO:

Seguiré teniendo relaciones cercanas, dinámicas y divertidas con las personas que son importantes en la vida de mi familia.

METAS A CORTO PLAZO/COMPROMISOS ESPECÍFICOS:

1. Cada año mis amigos de la universidad nos reuniremos para un mínimo de unas vacaciones de tres días.
2. Una vez cada mes invitaremos a amigos a nuestra casa para fiestas, días para que jueguen los niños, cena, etc., o Lisa y yo iremos a cenar con ellos.

CUENTA 7: FAMILIA

PROPÓSITO:

Mis padres son personas asombrosas, y seguiré amándolos y apoyándolos, al igual que ellos a mí.

VISIÓN A LARGO PLAZO:

Estaré muy cerca de mis padres, mi madrastra, y la familia de Lisa, visitándolos con frecuencia.

METAS A CORTO PLAZO/COMPROMISOS ESPECÍFICOS:

1. Planearé una actividad (almuerzo, cena, etc.) cada dos meses con mi mamá.
2. Hablaré con mi papá por teléfono una vez al mes.

RACHEL

ELEGÍA

Rachel es la persona más dulce que he conocido jamás. Siempre tenía una sonrisa en su cara y una perspectiva positiva de la vida. Desde que era pequeña, Rachel tenía un ánimo en ella que no la abandonó. Su "trastorno de estudiante destacado" fue evidente desde temprana edad, y quedó corroborado cuando fue elegida como la persona con más probabilidad de tener éxito de su clase de secundaria. Con ganas de entrar en la fuerza laboral educativa, terminó su licenciatura solo en tres años y se graduó con su MSE más 30* poco después.

Rachel era una educadora fenomenal. *Amaba* a sus alumnos con todo su ser y se empleaba incansablemente en su desarrollo. Estructuró su clase como un entorno de aprendizaje seguro en el que sus alumnos se sentían dignos en la comunidad de su clase. Más adelante sirvió en puestos de administración como directora de enseñanza tecnológica y directora asistente a fin de ampliar su impacto en el logro del alumnado. Incluso años después se mantuvo en contacto con exalumnos y continuó influenciando sus vidas.

Rachel sobresalía en hacer que otros sintieran valía y dignidad, y hacía que todos los que se relacionaban con ella sintieran que podían conquistar el mundo. Mediante construir relaciones, desarrolló una fuerte y leal base de clientes, muchos de los cuales llegaron a ser amigos personales y la valoraban como una verdadera socia y colega.

(*) Nota del editor: En EE. UU. significa obtener una Maestría en Ciencias de la Educación (MSE, por sus siglas en inglés) y completar 30 créditos adicionales de formación profesional.

Rachel sobresalía como representante educativa de ventas, sin perderse nunca un presupuesto de venta dado y siempre superando su meta establecida. Era apasionada por la educación y se esforzaba por ver a los niños tener éxito. Era leal a sus clientes, y ellos lo eran a ella. Era considerada un socio sólido para escuelas y distritos, al igual que una colega respetada.

Había en Rachel una autenticidad que no se encuentra comúnmente. Ella iluminaba una habitación cuando entraba. Cualquiera que la encontraba se alegraba de verla. Ella era sincera, alentadora, y tenía el corazón más bondadoso que conocí.

La fe de Rachel arraigaba y centraba todo lo que decía. A pesar de atravesar dificultades, ella mantenía una actitud positiva y se aferraba firmemente al hecho de que su Padre estaba obrando para el bien de ella. Decidió utilizar su dolor y sus debilidades para aportar incansablemente a otros. Era firme en que su dolor no era en vano y sería usado como un catalizador de crecimiento en ella misma y en otros. Rachel vivía en un estado constante de mejora.

Su amor por Jesús también quedaba ejemplificado en el trabajo misionero en el que participó durante el curso de su vida. Por lo que recuerdo, Rachel servía en la iglesia local en alguna ocupación. Cuando tenía treinta y tantos años, tras terminar muchos viajes misioneros en su país, abrió su corazón a un país en América Central que necesitaba desesperadamente la esperanza y el amor que solo Jesús puede dar. Rachel se enamoró de Guatemala y sirvió allí en muchas misiones.

Rachel amaba a su familia. Era hija, hermana, tía, sobrina y prima, y disfrutaba de pasar todo el tiempo que podía con su familia, ya estuviera cerca o lejos. Su mamá, Naomi, y su hermana, Tanya, eran verdaderamente sus dos mejores amigas. Ella prefería pasar tiempo con ellas más que con cualquier otra persona en el mundo. Las tres mantenían una relación profunda, cercana y personal.

En el poco tiempo libre que encontraba, a Rachel le gustaba jugar al tenis y trabajar en su huerto. Encontraba un gran gozo al aire libre y en vivir bajo la luz del sol. También era una ávida lectora, con un deseo voraz de empaparse de nuevo conocimiento e información.

Rachel era verdaderamente un individuo único en muchos niveles. Es una rareza encontrar a alguien tan dedicado, tan fiable, tan bondadoso y tan increíblemente genuino.

PLANES DE ACCIÓN

CUENTA 1: DIOS

FUTURO IMAGINADO:

Quiero servir a Dios plenamente, caminando en su voluntad y propósito divinos. Quiero ser usada en gran manera para avanzar su reino y compartir su amor y esperanza con otros.

PROPÓSITO:

Mi propósito es vivir mi vida de tal modo que no hay cuestión alguna de mi fe o lealtad hacia mi Salvador. Quiero que otros lo vean a Él en mí y sepan dónde están mi gozo y esperanza. Mi propósito es mostrar a Jesús.

COMPROMISOS ESPECÍFICOS:

- Pasar un mínimo de treinta minutos al día en tiempo a solas y oración.
- Leer un libro espiritual cada mes.
- Tener conversaciones continuas con Dios a lo largo del día sobre cualquier cosa y todo.
- Asistir a una conferencia centrada en Cristo cada año.

OBSTÁCULOS:

- Un horario frenético se interpone a veces en el camino para tener tiempo a solas.
- Como normalmente leo en la noche, el cansancio a veces sustituye a la lectura, y decido dormir.

CUENTA 2: YO

FUTURO IMAGINADO:

Estoy feliz, viviendo una vida de libertad, flexibilidad y servicio. Invierto continuamente en mí misma y estoy creciendo intelectualmente y espiritualmente a la vez que mantengo mi salud mental y física.

PROPÓSITO:

Mi propósito es vivir una vida positiva y alentadora que muestre el amor de Cristo en cada aspecto.

COMPROMISOS ESPECÍFICOS:

- Tomar un día "desconectada" al mes.
- Seguir *coaching* y desarrollo de mi Plan de Vida para llegar a ser mi mejor yo.
- Tener tiempo a solas las tardes de los domingos para relajarme y estar en paz.
- Permitir dos fines de semana al año para un viaje sola para descansar, recuperarme, y pasar tiempo con el Señor.
- Asistir a la cumbre *World Domination 2015* para estar con personas emprendedoras y de ideas similares.

OBSTÁCULO:

- El mayor obstáculo para esta cuenta es cargarme demasiado de trabajo y compromisos personales. Con frecuencia, esta cuenta se queda a un lado y no es una prioridad.

CUENTA 3: FAMILIA

FUTURO IMAGINADO:

Soy una hija dedicada, cuidando de mis padres a medida que envejecen. Les debo muchísimo por moldearme hacia la persona que soy hoy. El deseo de mi corazón es pasar tanto tiempo de calidad con ellos como sea posible, estando disponible cuando sea necesario para ayudar en los eventos de la vida. Mis hermanos y sus familias son una gran parte de mi vida, y también estoy disponible para ayudarlos físicamente, emocionalmente, etc. Además, la familia extendida también desempeña un papel importante en mi vida. Deseo ser leal y un sistema de apoyo para ellos cuando lo necesiten.

PROPÓSITO:

Mi propósito es priorizar mucho mi familia y sus necesidades. Nuestro tiempo en la tierra es limitado, y amaré bien a mi familia y profundamente por el tiempo que tengo la bendición de tenerlos.

COMPROMISOS ESPECÍFICOS:

- Ser más paciente con mis padres a medida que envejecen, entendiendo que afrontan y afrontarán batallas mentales/de salud.
- Hacer viajes significativos con mis padres, cubriendo los gastos que ellos no puedan permitirse.

- Pasar un fin de semana al mes con mis padres (esto será difícil hasta que pueda vivir más cerca de ellos).
- Pasar dos fines de semana al año con mi hermana en su casa y hacer viajes juntas tal como lo permitan nuestros calendarios.
- Escribir/hablar con mi hermano y su esposa. Este es un paso muy importante, ya que nunca nos hemos comunicado regularmente. No hay ningún motivo, solo que la vida ha sido así. Necesito desarrollar y construir una relación sólida con ellos dos.
- Asistir a eventos de la familia extendida al menos dos veces al año.
- Mantener la comunicación regular con parientes más lejanos.

OBSTÁCULOS:

- Falta de tiempo.
- Distancia.
- Coordinación de calendarios.

CUENTA 4: SERVICIO

FUTURO IMAGINADO:

Mi servicio no está limitado por un empleo a jornada completa, y solo está limitado por las horas que hay en el día. Estoy sirviendo en la iglesia local y la comunidad, y también internacionalmente, para extender el amor y la esperanza de Jesús.

PROPÓSITO:

Mi Padre me ha bendecido inmensamente, y aunque nunca podré devolverle totalmente su bondad y misericordia, mi propósito es compartir su amor y esperanza con todo aquel que encuentre en mi camino.

COMPROMISOS ESPECÍFICOS:

- Asistir a "Feed the Need" dos sábados en la noche al mes.
- Servir en misiones internacionales al menos dos veces al año.
- Organizar cenas en mi casa para bendecir a otros que son menos afortunados, están marginados, o simple- mente necesitan ánimos.
- Buscar activamente y orar por otras oportunidades para servir en la iglesia local y la comunidad.

OBSTÁCULO:

- Retención de un trabajo como "empleada" a jornada completa reducirá la cantidad y calidad del tiempo que tengo para servir.

CUENTA 5: CARRERA

FUTURO IMAGINADO:

Trabajo por cuenta propia, lo cual me libera para vivir una vida de servicio que provee mayor propósito para el reino. Escribo un blog, alentando a otros que han recorrido un camino similar, compartiendo el amor y la esperanza que mi Padre ha derramado misericordiosamente sobre mí. Tengo múltiples bienes raíces que permiten ingresos pasivos. Tal como el tiempo lo permita, viajo nacionalmente e internacionalmente proporcionando oportunidades de desarrollo profesional para educadores y también mantengo una relación independiente de ventas con mi empresa actual. También mantengo un pequeño local en una tienda de antigüedades donde vendo muebles y objetos antiguos restaurados/pintados.

PROPÓSITO:

Mi propósito es tener ingresos y sostenerme totalmente mientras trabajo por mi cuenta. Esto, a su vez, me dará más flexibilidad y oportunidades de servicio y para el crecimiento de su reino.

COMPROMISOS ESPECÍFICOS:

- Llegar a trabajar independientemente por completo en 2015.
- Adquirir una propiedad para rentar en 2015.
- Comenzar a escribir un blog en 2015.
- Asegurar local en una tienda de antigüedades.
- Usar conexiones en la industria para obtener oportunidades de trabajo diarias.

OBSTÁCULOS:

- La falsa sensación de seguridad de tener un empleo a tiempo completo impulsa el temor.
- Muchas oportunidades y decisiones hacen que sea difícil escoger un camino.

CUENTA 6: RELACIONES PERSONALES

FUTURO IMAGINADO:

Aunque mi abanico de relaciones es muy amplio, soy una amiga buena y leal de unos pocos. Invierto en otros continuamente, pero tengo un grupo íntimo de amigos que "son más cercanos que un hermano". Soy fiable y estoy disponible cuando mi grupo íntimo lo necesita.

PROPÓSITO:

Mi propósito es desarrollar relaciones profundas, duraderas y piadosas con algunos amigos íntimos.

COMPROMISOS ESPECÍFICOS:

- Pasar un mínimo de una noche al mes con amigas.
- Hacer un viaje anual de amigas.
- Acercarme activamente a buenos amigos para asegurar oportunidades de orar y ministrar en sus vidas.
- Enviar notas de aliento cuando sea apropiado.

OBSTÁCULOS:

- Realmente me gusta estar sola, y a menudo es más fácil relajarme que hacer el esfuerzo de prepararme y asistir a un evento con algún amigo.
- Con frecuencia tengo buenas intenciones de acercarme a un amigo, pero me desvío o me preocupo.

CUENTA 7: FINANCIERA

FUTURO IMAGINADO:

Estoy totalmente libre de deudas. Como fui frugal y ahorré en mis primeros años de trabajo, tengo una jubilación que puede sostenerme. Acepto oportunidades de trabajo por día basándome caso por caso. Tengo ingresos pasivos que se generan mediante la renta de propiedades y el blog. Sigo siendo una buena administradora de los recursos con los que mi Padre me ha bendecido amorosamente. Doy por encima y mucho más del diez por ciento requerido, a la vez que invierto en misioneros y otras organizaciones. No deseo ser "rica" o tener cosas, sino que deseo vivir cómodamente y poder emplear tiempo y dinero en experiencias y eventos filantrópicos.

PROPÓSITO:

Mi propósito es tener ingresos, sostenerme a mí misma, y seguir viviendo una vida libre de deudas. Además, es mi propósito tener ingresos a fin de poder devolver a la iglesia local y a otras organizaciones basadas en la fe, apoyando así el crecimiento del reino.

COMPROMISOS ESPECÍFICOS:

- Agotar las aportaciones a la jubilación anualmente.
- Leer libros para descubrir e inspirar maneras nuevas de generar ingresos pasivos.
- Mantener un estándar de vida sano a la vez que acepto un gran recorte de salario a cambio de un horario flexible.
- Dar el 20 por ciento o más de mis ingresos anualmente.
- Reunirme con un asesor financiero para ver el cuadro general antes de pasar a ser autónoma.

OBSTÁCULOS:

- Si trabajar por cuenta propia y los ingresos no son regulares, podrían disminuir la jubilación y las aportaciones filantrópicas.
- Podrían surgir circunstancias imprevistas, afectando mucho a mi situación financiera estable. Este pensamiento a veces causa temor.

CUENTA 8: SALUD FÍSICA

FUTURO IMAGINADO:

Mantendré un peso corporal y de IMC sanos, apoyados por una dieta Paleo y ejercicio diario.

PROPÓSITO:

Mi cuerpo es templo de Él y es mi propósito mantenerlo en funcionamiento tanto tiempo como sea posible para así desempeñar eficazmente su voluntad y su plan.

COMPROMISOS ESPECÍFICOS:

- Caminar diez o más millas por semana.
- Jugar al tenis dos veces por semana.
- Comer una dieta alta en proteínas, frutas y verduras y baja en carbohidratos.
- Beber de cinco a seis botellas de agua cada día o el equivalente.
- Ponerme protector solar si estoy fuera durante un periodo de tiempo largo.

OBSTÁCULOS:

- Los viajes a veces impiden que coma sano, haga ejercicio, y beba agua como debería.
- La falta de tiempo y energía evita que juegue al tenis.

CUENTA 9: PASATIEMPOS Y VIAJES

FUTURO IMAGINADO:

Tengo una vida plena que incluye oportunidades de viajar y de ocio. Viajo nacionalmente e internacionalmente para experimentar las maravillas que el Señor ha provisto. Estoy experimentando nuevas culturas que permiten una mayor apreciación de la vida.

PROPÓSITO:

Mi propósito es vivir una vida rica, plena y culturalmente diversa con una apreciación de la simplicidad.

COMPROMISOS ESPECÍFICOS:

- Jugar al tenis dos veces por semana.
- Leer de uno a tres libro por mes.
- Viajar internacionalmente dos o tres veces al año como mínimo para misiones y ocio.
- Visitar tres o más lugares nuevos en los Estados Unidos cada año.
- Mantener un huerto frondoso, abundante y colorido.

OBSTÁCULO(S):

Los pasatiempos a menudo pasan a un segundo plano tras otros trabajos y compromisos personales.

El trabajo a jornada completa o la falta de días de vacaciones evita que viaje todo lo que me gustaría.

ÁNGELA

RESULTADOS

Cómo quiero que los más cercanos a mí me recuerden:

- Grace: estar ahí cuando importaba y amarla con todo mi ser.
- Mamá y padrastro: siempre haciendo lo correcto.
- Timothy: poniendo a Grace por encima de nuestros problemas.
- Kate: estando ahí, siendo divertida y amorosa.
- Mi equipo en el trabajo: apoyando y siendo fiable.
- Frank: estando ahí cuando me necesitaba. Siendo un modelo a seguir.

ELEGÍA

Aquí está Ángela. Era querida por su hija Grace y sus padres, June y David. Tuvo una larga y exitosa carrera en préstamos de hipotecas. Comenzando a la temprana edad de diecinueve años, trabajó y fue ascendiendo desde el nivel más bajo hasta llegar a ser gerente de proceso para todo Colorado. Su duro trabajo y dedicación eran sentidos por todos los que ella apoyaba en el banco. Ese mismo trabajo duro y dedicación fue un lema durante la vida de Angela, y todo lo que hizo fue con total determinación.

Aunque nadie lo diría, Angela siempre sentía que tenía solo unos pocos amigos, pero siempre estaba a su lado y en muchos momentos buenos. Compartía tiempo de acampada, senderismo, ejercicio, y compartiendo cócteles, al igual que el concierto ocasional de John Hiatt. Era la persona con quien se podía contar que sería sincera al 100 por ciento y siempre perseverante. Siempre que caía (lo que sucedía mucho en escaleras), volvía a levantarse.

Su mayor amor y logro es su hija: Grace. Ella siempre la alentó a ser la mejor y le enseñó a ser fuerte e independiente, al igual que su madre. Ella es el legado de su madre, y Angela estaba muy orgullosa de ese gran Logro. ¡Grace, eras muy querida!

CUENTA 1: GRACE

FUTURO IMAGINADO:

Hoy nos vamos a Hawái. Grace acaba de graduarse de la universidad y estamos celebrando sus logros. Vamos a nuestro lugar favorito. Estoy muy contenta de que ella tenga un amable novio que entiende totalmente nuestro tiempo Grace-Mamá y le parece bien que estemos fuera una semana. Él aprecia plenamente su espíritu independiente. Ella comienza sus prácticas en un par de semanas, así que un tiempo relajante en Hawái será perfecto. Nos divertiremos muchos haciendo snorkel, yendo de compras, y tumbadas junto a la piscina. Ah, ¡y no olvidemos el senderismo! Es estupendo que disfrutemos de hacer cosas juntas.

PROPÓSITO:

Asegurarme de que Grace sepa que ella es mi prioridad y disfrutar nuestro tiempo juntas.

COMPROMISOS ESPECÍFICOS:

1. Día de Mamá y Grace: Un día al mes donde solo ella y yo hagamos cosas. Frecuencia: mensual.

2. Estar a tiempo: Llegar puntual cuando la recojo o al ir a un evento. Frecuencia: como sea necesario.
3. Comprobación diaria: Ver cómo fue el día, completar registro de lectura, tareas, práctica de violín. Frecuencia: diaria.

CUENTA 2: SALUD

FUTURO IMAGINADO:

¡Estamos muy emocionadas por ese viaje a Hawái! Hoy tendremos el día completo para hacer senderismo y después ir a nadar cuando regresemos. Es estupendo tener casi cincuenta años y verme bien en traje de baño, y tener la energía para hacer senderismo por las cataratas. Es muy hermoso ver las cascadas, los bambúes inmensos, y el grandioso bosque tropical. ¡El cielo!

PROPÓSITO:

Estar físicamente en buena forma para disfrutar de todo lo que la vida tiene que ofrecer, en especial al aire libre, y sentirme bien con la ropa que escoja ponerme.

COMPROMISOS ESPECÍFICOS:

1. Clase de entrenamiento: Ir a la clase de entrenamiento para hacer una hora de ejercicio. Frecuencia: cinco días por semana.
2. Actividad física: Senderismo, natación, bicicleta, u otra actividad al aire libre. Frecuencia: cada dos semanas.

3. Nutrición: Comer alimentos integrales sanos, incluyendo frutas, verduras y proteínas magras. Ser disciplinada y planear de antemano. Frecuencia: diaria.

CUENTA 3: FINANZAS

PROPÓSITO:

Ahorrar dinero regularmente para tener reservas financieras, y también para lograr metas a corto plazo.

COMPROMISOS ESPECÍFICOS:

1. Ahorrar dinero. Poner 500 dólares en cuentas que no se utilicen o no tengan fácil acceso. Frecuencia: mensual.
2. Aumentar el 401(k). Hacer un aumento en la cantidad de dinero metido en mi 401(k). Frecuencia: mensual.
3. Recortar gastos. Ser más deliberada sobre cómo y cuándo gasto mi dinero (y hacer listas al ir a la compra). Frecuencia: diaria.

CUENTA 4: HOGAR

PROPÓSITO:

Sentirme más orgulloso de mi casa y disfrutar de estar en ella.

COMPROMISOS ESPECÍFICOS:

1. Organizar: lavar los platos y organizar el desorden que se forma en el piso inferior. Frecuencia: cada dos días.

2. Limpiar baños y pisos: limpiar bañeras, inodoros, lavabos y pisos. Aspirar pisos. Frecuencia: cada dos semanas.
3. Lavar la ropa: una carga de lavado. Lavar, secar y colocar. Frecuencia: diaria.
4. Limpiar garaje: limpiar garaje, donar cosas inútiles, y tirar basura. Frecuencia: cada trimestre.

CUENTA 5: AMIGOS

PROPÓSITO:

Formar vínculos más fuertes con los amigos que tengo y construir nuevas relaciones.

COMPROMISOS ESPECÍFICOS:

1. Acercarme: acercarme a uno o dos amigos por teléfono, correo electrónico o Facebook. Frecuencia: diaria.
2. Hacer planes: hacer planes de visitar a una amiga para almorzar, cenar, u otra actividad. Frecuencia: cada dos semanas.
3. Actos casuales: enviar un acto de bondad casual. Frecuencia: mensual.

CUENTA 6: DIVERSIÓN

PROPÓSITO:

Salir y disfrutar de la vida como adulta, con mi hija y sin ella.

COMPROMISOS ESPECÍFICOS:

1. Salir: ir a dar un paseo o a hacer senderismo al menos por veinte o treinta minutos. Frecuencia: semanal.
2. Probar algo nuevo. Hacer una actividad que nunca haya hecho (por ejemplo, tomar una clase o ser voluntaria). Frecuencia: trimestral.
3. Comenzar un club de lectura: encontrar algunas personas a las que les gustaría comenzar un club de lectura. Frecuencia: mensual.
4. Acampada: ir de acampada en autocaravana. Frecuencia: mensual.
5. Ver n°. 2 de la Cuenta 5.

SCOTT

RESULTADOS

¿Quiénes quiero que me recuerden?

- Dios
- Mi esposa Catherine
- Nuestros hijos: Mark, Seth y Nick (y sus futuros cónyuges y familia)
- Nuestra familia
- Nuestros amigos
- Mis compañeros de trabajo
- Iguales y conocidos en la industria
- ¿Qué recordarán ellos sobre mí?
- Mediante mis actos, evidencia real de que Jesucristo es mi Señor y Salvador personal.
- Mi compromiso matrimonial de por vida con Catherine.
- Mi compromiso a que mi familia es lo primero y el amor incondicional para todos mis familiares.
- Mi pasión por descubrir y vivir el plan de Dios mediante una vida con propósito.
- Mi pasión por disfrutar de la vida y compartir experiencias de la vida con mi familia y amigos.
- Que al buscar en oración la voluntad de Dios y su plan, añadí valor positivo al reino de Dios y a mi familia, compañeros de trabajo, amigos, e iguales en la industria.
- Una actitud amorosa, bondadosa, amable, generosa y útil.
- Ser un hombre de alta integridad, honestidad y optimismo.
- Mi compromiso a la excelencia en todas las cosas.

- Que operaba con una mentalidad de siervo-líder ("Puedes lograr lo que quieras en la vida si ayudas lo bastante a otras personas a lograr lo que quieren").
- Mi creencia en que cada experiencia, sea buena o mala, te prepara concretamente para el plan único que Dios tiene para tu vida.
- Mi oración diaria pidiendo a Dios que abra las puertas por las que deberíamos entrar y explorar, y que cierre las puertas que deberíamos evitar.

PLANES DE ACCIÓN

CUENTA 1: DIOS

FUTURO IMAGINADO:

Quiero estar más cerca de Dios, y mediante el estudio diario de la Biblia y la oración, entender y perseguir con pasión su propósito para mí. Sé que Dios tiene un plan concreto para mí, y quiero lograr todo lo que Él quiere de mí para que mi vida tenga significado y propósito eternos. Quiero que mi vida añada valor positivo duradero a su reino y a mi familia, amigos, compañeros de trabajo e iguales.

PROPÓSITO:

Seré un ejemplo cristiano, con una vida significativa y con propósito, proporcionando inspiración a mis familiares y otras personas para que usen los talentos que Dios les ha dado para buscar excelencia en sus actividades escogidas mientras marcan una diferencia positiva en las vidas de las personas a las que toquen.

COMPROMISOS ESPECÍFICOS:

- Tiempo diario de oración en la mañana.

- Estudio personal de la Biblia/devocional antes de irme a la cama.
- Estudio bíblico semanal en grupo.
- Asistir a la iglesia regularmente.
- Dos días personales al año para la reflexión y para actualizar mi Plan de Vida (junio, diciembre).

CUENTA 2: CATHERINE

FUTURO IMAGINADO:

Catherine será mi mejor amiga, compañera de viajes, y amante. Juntos llenaremos nuestro banco de recuerdos hasta rebosar con tiempos divertidos, aventuras compartidas, relaciones familiares cercanas, y buenas amistades. Debemos continuar nuestros importantes roles de ser educadores y mentores de nuestros hijos. Juntos, siempre estaremos ahí para apoyar a nuestra familia y amigos en el momento de necesidad.

PROPÓSITO:

Dios escogió a Catherine para ser mi compañera de por vida y a mí para ser el compañero de Catherine. Dos personas actuando como una sola, unidos con propósito, metas y convicciones compartidas, crean un vínculo inseparable para un fundamento sólido para que haya felicidad y cohesión familiar.

COMPROMISOS ESPECÍFICOS:

- Hacer viajes juntos y disfrutar de nuevas experiencias lejos de casa.

- Incluir a Catherine en viajes de negocios y en eventos de *Masters Coach*.
- Iniciar contacto diario por teléfono para ver cómo le va el día a Catherine.
- Llegar a casa a las 5:00 de la tarde al menos una vez por semana.
- Tener un almuerzo o desayuno ocasional con Catherine en la ciudad.
- Hacer juntos una excursión mensual para ir de compras, hacer turismo, etc.
- Dar sorpresas ocasionales con flores, regalos, cosas divertidas.
- Sacar tiempo en la noche para tener citas o ir a un jacuzzi.

CUENTA 3: HIJOS

FUTURO IMAGINADO:

Nuestros hijos y sus familias y amigos disfrutarán de pasar tiempo con nosotros, y nuestras relaciones familiares se harán incluso más fuertes, más agradables, y más íntimas tras cada encuentro. Ellos aprenderán de nosotros importantes valores familiares cristianos y ética de negocios, y crearán sus propias familias fuertes, estables y amorosas. Honrarán a Dios viviendo vidas significativas y con propósito que añadirán valor al reino de Dios.

PROPÓSITO:

Es mi responsabilidad ser mentor de nuestros hijos, enseñándoles valores cristianos; y es mi oración que nuestro linaje familiar adore siempre a Jesucristo como su Señor y Salvador y busque que Jesús sea el guía de su vida. Este sería nuestro mayor legado.

COMPROMISOS ESPECÍFICOS:

- Iniciar contacto personal varias veces por semana.
- Estar siempre disponible para escuchar sus necesidades y preocupaciones.
- Tener un tiempo personal mensual, individualmente.
- Tener reuniones familiares mensuales.
- Pasar juntos Navidad y Acción de Gracias, en casa o en un viaje.
- Amar incondicionalmente a sus futuros cónyuges y familia política, y darles la bienvenida abiertamente como parte de nuestra familia.

CUENTA 4: OTROS FAMILIARES

FUTURO IMAGINADO:

Quiero que mis familiares entiendan que estoy disponible para ayudarles en los buenos momentos y en los malos, ya sea espiritualmente, físicamente o financieramente.

PROPÓSITO:

Mi papel es mantenerme en contacto, ofrecer mi ayuda, organizar las actividades que podemos compartir juntos, y ser un mentor dispuesto; y demostrar a mis hijos la importancia de la familia.

COMPROMISOS ESPECÍFICOS:

- Llamar a mamá varias veces por semana y visitarla a menudo.
- Incluir a familiares en algunas de nuestras actividades.
- Enviar notas/correos electrónicos a sobrinos y sobrinas para que me utilicen como un "comunicador social".
- Enviar invitaciones al Rancho.

CUENTA 5: AMIGOS CERCANOS

FUTURO IMAGINADO:

Catherine y yo desarrollaremos amistades cercanas para así poder disfrutar de nuestros amigos y compartir tiempos con ellos, y proporcionar apoyo mutuo para enseñar a las familias de otros.

PROPÓSITO:

Las amistades fuera de nuestra familia son importantes para disfrutar y compartir experiencias de la vida, pero también para el desarrollo de equipos de apoyo a la familia.

COMPROMISOS ESPECÍFICOS:

- Noches de cine y cenas juntos semanalmente.
- Fiestas trimestrales vino/piscina/jacuzzi, "Noche de hombres" para jugar al póker, golf o ir a la casa del lago.
- Viajes con amigos.

CUENTA 6: SALUD Y FORMA FÍSICA

FUTURO IMAGINADO:

Estaré en forma físicamente y mantendré un peso por debajo de 225 libras (102 kilos) durante toda mi vida, siendo un ejemplo para mis hijos para alentarlos a mantener un estilo de vida sano a lo largo de sus vidas.

PROPÓSITO:

Para lograr mi Plan de Vida, mis sueños y mis metas y para disfrutar de Catherine, mi familia y mis amigos, debo mantenerme sano.

COMPROMISOS ESPECÍFICOS:

- Debo establecer metas de peso y supervisarlas.
- Entrenamiento diario cardiovascular y de fuerza (mínimo de treinta minutos, cuatro días por semana).
- Exámenes dentales dos veces al año.
- Exámenes físicos anuales.
- Colonoscopia tal como lo recomiende mi médico.

CUENTA 7: PRESERVACIÓN Y GERENCIA DE LA RIQUEZA

FUTURO IMAGINADO:

Catherine y yo acumularemos bienes que proporcionarán una entrada segura y regular de ingresos en inversiones por 100 000 dólares mensuales (antes de impuestos), sin retirar capital.

PROPÓSITO:

Nuestros ingresos por inversiones nos proporcionan a Catherine y yo los fondos necesarios para lograr nuestras metas con respecto a familia, amigos, estrategias de negocio, buena salud, recreación, viajes, y causas de beneficencia.

COMPROMISOS ESPECÍFICOS:

- Preparar una hoja de cálculo mensual con cuentas detalladas.

- Utilizar principios de inversión sensatos.
- Transferir posesión de propiedad a sociedades limitadas familiares.
- Actualizar la estrategia de riqueza familiar y los testamentos.

CUENTA 8: NEGOCIO EXITOSO

FUTURO IMAGINADO:

Dirigir mi empresa como una empresa de alta integridad, orientada a la familia y con base cristiana, y perseguir su visión de utilizar los talentos que Dios nos ha dado para hacer una contribución positiva a las vidas de nuestros empleados, accionistas, clientes, y las personas que nos proporcionan servicios.

PROPÓSITO:

Mi negocio es el vehículo o púlpito para ayudarme a lograr mi Plan de Vida y marcar una diferencia positiva en las vidas de las personas.

COMPROMISOS ESPECÍFICOS:

- Apoyar, explicar, predicar, y vivir nuestra declaración de visión.
- Conectar con los corazones de nuestra gente.
- Buscar constantemente maneras de añadir valor a nuestra gente y a nuestros clientes.
- Desarrollar Planes de Vida para empleados interesados en ello.
- Implementar plan de propiedad de acciones fantasma para personas clave.
- Establecer y repartir metas corporativas realistas.

- Pedir cuentas de resultados y reportes directos a gerentes regionales.
- Desarrollar el equipo de ventas y de *coaching* más respetado de la industria de los créditos.
- Publicar un artículo o escribir un libro de inspiración.
- Tomar dos días libres anualmente para hablar de estrategia y metas (mayo y diciembre).

CUENTA 9: RECREACIÓN Y VIAJES

FUTURO IMAGINADO:

Catherine y yo tendremos estilos de vida activos que impliquen muchas actividades, incluyendo viajes, golf, caza, pesca, navegar y esquiar con amigos cercanos y familiares.

PROPÓSITO:

Disfrutar de la vida y experimentar la belleza de la tierra de Dios.

COMPROMISOS ESPECÍFICOS:

- Construir varias maneras para la diversión y el viaje familiar.
- Construir una casa como legado en un río cristalino que mis hijos y nietos nunca quieran vender.
- Hacer salidas frecuentes con familia y amigos.
- Hacer viajes de pesca anuales.
- Hacer viajes de caza anuales.
- Hacer viajes anuales para jugar al golf.
- Cumplir lista de viajes:
  - Alaska (2010 con Nick)
  - Escocia, Irlanda (con los niños)

- Italia.
- Tierra Santa (con los niños)
- Egipto y las Pirámides
- Nantucket
- Los Cloisters en Sea Island
- Sudáfrica
- Henry´s Fork Lodge
- Nueva Zelanda
- China
- Bali (cabaña en la bahía)
- Vancouver (Canadá)
- Albany (Georgia) (Iglesia Bautista Sherwood)

* Lista de actividades deseadas:

  - Jugar en el Club de Golf Nacional de Augusta
  - Pescar con mosca un tarpón, macabí, róbalo, y un permit
  - Pescar una lubina
  - Pescar una lubina de más de 10 libras (5 kilos)
  - Jugar en el Old Course en Escocia
  - Ver la aurora boreal
  - Criar un ciervo de cola blanca de más de 170 pulgadas (4 metros)

CUENTA 10: DONATIVOS A LA BENEFICENCIA

FUTURO IMAGINADO:

Catherine y yo seremos buenos administradores de las bendiciones monetarias que Dios nos ha dado.

PROPÓSITO:

Devolver a la iglesia y la comunidad como parte de nuestro diezmo.

COMPROMISOS ESPECÍFICOS:

- Mi meta de Monte Everest: donar 5 millones de dólares a la beneficencia.
- Dar mensualmente a mi estación de radio cristiana local y otras organizaciones con base de fe en una cantidad igual al 10 por ciento de nuestros ingresos brutos mensuales.

NOTAS

CAPÍTULO 2: ENTIENDE LA MISIÓN

1. Benjamin Franklin, *Autobiography of Benjamin Franklin*, ed. Frank Woodworth Pine (New York: Henry Holt and Co., 1922), cap. 9.
2. SWOT: acrónimo de una popular herramienta analítica para evaluar puntos fuertes, puntos débiles, oportunidades y amenazas.

CAPÍTULO 4: DISEÑA TU LEGADO

1. Salmos 90:12 NVI.
2. El gurú de las pequeñas empresas Michael Gerber recomienda un ejercicio similar en *The E-Myth Revisited* (New York: HarperCollins, 1995), p. 129.
3. Eugene O'Kelly, *Chasing Daylight* (New York: McGraw-Hill, 2007), p. 110.

CAPÍTULO 5: DETERMINA TUS PRIORIDADES

1. William J. Bennett y David Wilezol, *Is College Worth It?* (Nashville: Thomas Nelson, 2013). El capítulo 3 analiza

el ROI de diferentes asignaturas principales y decenas de escuelas.

CAPÍTULO 6: TRAZA EL RUMBO

1. Sobre el problema de la fantasía: Christian Jarrett, "Why Positive Fantasies Make Your Dreams Less Likely to Come True", *BPS Research Digest*, 25 de mayo de 2011, http://digest.bps. org.uk/2011/05/why-positive-fantasies-make-your-dreams.html. Por qué imaginar funciona: Frank Niles, "How to Use Visualization to Achieve Your Goals", *Huffington Post*, 17 de agosto de 2011, http://www.huffingtonpost.com/frank-ni- les-phd/visualization-goals_b_878424.html. Para un ejemplo de cómo funciona la mente subconsciente en la resolución de problemas mientras estamos enfocados en otras cosas, ver Tom Stafford, "Your Subconscious Is Smarter Than You Might Think", BBC.com, 18 de febrero de 2015, http://www.bbc.com/future/story/20150217-how-smart-is-your-subconscious. Ver también Shlomit Friedman, "Priming Subconscious Goals", en *New Developments in Goal Setting and Task Performance*, eds. Edwin A. Locke y Gary P. Latham (New York: Routledge, 2013). Sobre la conexión entre confianza con respecto a nuestras metas y lograrlas: Gabriele Oettingen, "Regulating Goal Pursuit through Mental Contrasting with Implementation Intentions", en Lock and Latham, *New Developments in Goal Setting and Task Performance*.

2. La adaptación contemporánea está tomada de Lawrence Pearsall Jacks, *Education through Recreation* (New York: Harper and Brothers, 1932), pp. 1–2.

3. Proverbios 2:2.

4. Henry Cloud, *9 Things You Simply Must Do to Succeed in Love and Life* (Nashville: Thomas Nelson, 2004), pp. 121–22.

CAPÍTULO 7: DEDICA UN DÍA

1. Proverbios 20:5.
2. Steven Pressfield, *The War of Art* (New York: Warner Books, 2003).

CAPÍTULO 8: IMPLEMENTA TU PLAN

1. Lydia Saad,"The'40-Hour'Workweek Is Actually Longer—by Seven Hours", Gallup.com, 29 de Agosto de 2014, http://www.gallup.com/poll/175286/hour-work week-actually-longer- seven-hours.aspx. Jennifer J. Deal, "Always On, Never Done?" Center for Creative Leadership, Agosto de 2013, https://s3.amazonaws.com /s3.documentcloud.org/documents/1148 838/always-on-never-done.pdf.
2. William Ury, *The Power of a Positive No* (New York: Bantam, 2007), p. 16.
3. Puedes encontrar ejemplos adicionales en un post que escribió Michael titulado "Using E-mail Templates to Say No with Grace" (Usando esquemas de correo electrónico para decir no con gracia" en http://michaelhyatt.com/say-no-with-grace.html.

CAPÍTULO 9: MANTENLO VIVO

1. David Allen, *Getting Things Done* (New York: Penguin, 2001), pp. 184–85.
2. Ibid., pp. 185–87.
3. Para saber más sobre este tema, ver el post de Michael "The Lost Art of Note Taking" (El arte perdido de tomar notas) en http://michaelhyatt.com/recovering-the-lost-art-of-note-taking.html.

ACERCA DE LOS AUTORES

Michael Hyatt es el autor de *Platform: Get Noticed in a Noisy World* (Thomas Nelson, 2012). Es un superventas del *New York Times, Wall Strett Journal* y *USA Today*. Recientemente, la revista *Forbes* lo nombró como uno de los "10 principales expertos en mercadeo en línea a quien seguir en 2014".

Michael es el expresidente y director general de Thomas Nelson Publishers, la mayor editorial con base de fe del mundo, y ahora parte de Harper Collins. Comenzó su carrera en Word Publishing mientras era estudiante de cuarto año de bachillerato en la Universidad Baylor. En los treinta y cinco años que han pasado desde entonces, ha trabajado en casi todas las facetas de la publicación de libros.

También es un experto en el campo de las redes sociales. Su blog, MichaelHyatt.com, está catalogado por Google en los principales 0,5 por ciento de blogs con más de 450 000 visitas únicas al mes. Tiene lectores en más de doscientos países.

Su podcast, *This Is Your Life* (Esta Es Tu Vida) está regularmente entre los diez primeros en la categoría de Negocios en iTunes, y es descargado por más de 300 000 personas al mes. Él tiene más de 215 000 seguidores en Twitter. Ha aparecido en más de 100 programas de televisión, incluidos varios en ABC, NBC, CBS y CNN. También ha estado en más de mil programas de radio sindicalizada y local.

Michael ha estado casado con su esposa, Gail, por treinta y cinco años. Tienen cinco hijas, cuatro yernos, y ocho nietos. Viven en las afueras de Nashville, Tennessee.

Durante los últimos veinticinco años, Daniel Harkavy ha sido *coach* de miles de líderes de negocios que han logrado niveles máximos de rendimiento, rentabilidad y satisfacción. En 1996 empleó su pasión por ser *coach* de equipos y líderes para fundar *Building Champions*, donde trabaja como director general y *coach* ejecutivo. En la actualidad, la empresa tiene casi cincuenta empleados, con un equipo de veinte *coaches* ejecutivos y de liderazgo que proporcionan dirección a miles de clientes y organizaciones. Entre algunos de los clientes se incluyen Bank of America, Chick-fil-A, Daimler Trucks North America, MetLife, Pfizer, Infineum (una empresa de ExxonMobil y Shell), US Bank, PrimeLending, Dale Carnegie Training, JPMorgan Chase, Keller Williams, Mary Kay, Morgan Stanley, Northwestern Mutual, Thomas Nelson, Wells Fargo, Century 21, y muchos otros.

En 2007 Daniel fue autor de *Becoming a Coaching Leader: The Proven Strategy for Building Your Own Team of Champions* (Nelson). Echando mano de años de experiencia, Daniel ofreció a los líderes un sistema de *coaching* para desarrollar más eficazmente equipos y lograr resultados duraderos.

Antes de *Building Champions*, Daniel pasó diez años en la industria de los servicios financieros, ocho de los cuales estuvieron enfocados en *coaching* y desarrollo de equipos. Su carrera en las finanzas fue acelerada tras desarrollar rápidamente su equipo hacia ser el grupo más productivo y rentable de la empresa. Daniel atribuye su éxito a crear culturas sanas y productivas.

Daniel vive en West Linn, Oregón, con su esposa y su familia, donde sirve activamente a su comunidad como miembro de juntas de organizaciones sin fines de lucro y como mentor para quienes buscan su consejo. Sus otras pasiones incluyen surf, snowboard, y salir con su familia.

CONTACTA CON MICHAEL Y DANIEL

Para recibir las últimas actualizaciones y recursos de *Tu mejor futuro*, visita LivingForwardBook.com.

Michael y Daniel hablan frecuentemente sobre el tema de la planificación del futuro. Pueden dar una versión de este contenido básica, de medio día o de un día completo, dependiendo de las necesidades, ya sea juntos o por separado. Para más información, por favor visita LivingForwardBook.com.

Puedes conectar con Michael aquí:

- Email: michael@michaelhyatt.com
- Blog: http://michaelhyatt.com
- Twitter: http://twitter.com/michaelhyatt
- Facebook: http://facebook.com/michaelhyatt

Puedes conectar con Daniel aquí:

- Email: daniel@buildingchampions.com
- Blog: http://buildingchampions.com
- Twitter: http://twitter.com/danielharkavy
- Facebook: http://facebook.com/danielharkavy